LEXI
FAC

PSYCHOLOGIE

Tome I

STATISTIQUES DESCRIPTIVES

Béatrice BEAUFILS

Maître de conférence en Psychologie
à l'Université Paris VIII - Saint-Denis

Directeur de la collection LEXIFAC Psychologie :

Serge NETCHINE

Bréal éditions

1, rue de Rome – 93561 Rosny Cedex

LEXI FAC

DROIT

sous la direction de Claude Lombois, Professeur à l'Université Paris II

Introduction générale au droit (M. Parquet)

Droit civil : 2 tomes

Droit administratif (N. Poulet-Gibot Leclerc)

ÉCONOMIE

sous la direction de Philippe Raimbourg, Professeur à l'Université Paris I

Microéconomie : 2 tomes

Macroéconomie : 3 tomes

Mathématiques financières (C. Deffains, C. Crapsky)

Probabilités pour l'économie (C. Crapsky)

Statistiques pour l'économie (J. Hubler)

Comptabilité générale (C. Deffains)

Comptabilité analytique (G. Melyon)

Gestion financière (G. Melyon)

PSYCHOLOGIE

Psychologie sociale : 2 tomes

Statistiques appliquées à la psychologie : 2 tomes

Enfants, adolescents : les approches psychologiques : 2 tomes

ISBN / 978 285394 8883

AVANT-PROPOS

Composés de fiches, les ouvrages de la collection LEXIFAC exposent en détail les champs d'étude majeurs de la psychologie figurant aux programmes des premiers cycles universitaires.

Leur présentation claire et structurée vise un triple objectif :

- **fournir une synthèse complète du cours**, faisant apparaître les points essentiels de la question traitée et leur articulation : les étudiants pourront ainsi, pour chaque volume, assimiler l'ensemble des notions de psychologie abordées et comprendre les problématiques soulevées ;

- **permettre une préparation efficace des examens** en donnant aux étudiants les moyens de rassembler leurs connaissances ;

- **favoriser une consultation rapide sur un point précis** : chaque LEXIFAC peut se consulter à la façon d'un lexique ou d'un dictionnaire, pour retrouver une définition, approfondir une question, vérifier une formule...

Si ces ouvrages sont destinés aux étudiants du **premier cycle universitaire**, ils ont également pour ambition de permettre une découverte rapide de la psychologie aux non-spécialistes. La collection LEXIFAC PSYCHOLOGIE a pour objectif de couvrir l'ensemble des pans de la discipline (psychologie sociale, psychologie clinique et pathologique, statistiques...).

Les **statistiques appliquées à la psychologie**, sont abordées à travers deux tomes : le premier est consacré aux **statistiques descriptives,** le second aux **statistiques inférentielles**.

Le but visé par l'auteur est double : permettre aux étudiants de trouver le résultat numérique des cas proposés et surtout **assimiler la démarche méthodologique** et maîtriser, ainsi, les connaissances exigées.

Serge NETCHINE

Professeur à l'Université Paris VIII - Saint-Denis,
Directeur de la Collection Lexifac Psychologie

SOMMAIRE

STATISTIQUES DESCRIPTIVES

PARTIE I

NOTIONS GÉNÉRALES

INTRODUCTION

Lorsqu'un étudiant s'inscrit dans un cursus de psychologie, il ne s'attend pas à y trouver des enseignements obligatoires de statistiques et cela n'est généralement pas pour lui une « divine surprise ». Rappel des échecs passés en maths, refus de mettre l'homme en chiffres, grogne ou résignation, l'ambiance est souvent morose, voire pesante, dans les salles de cours de statistiques et les efforts déployés par les enseignants ne suscitent que fort rarement un minimum d'enthousiasme !

« Si au moins ils savaient regarder leurs données », se plaint-on dans la salle des enseignants.

Dans ces conditions, un manuel uniquement consacré à la description statistique et à l'exploration des données s'avère une réponse pertinente.

Nous avons pris le parti d'ancrer sur des exemples concrets la manipulation des chiffres et des graphiques et de réduire (autant que faire se peut) les symboles, indices et exposants chers aux mathématiciens afin de casser l'assimilation statistiques = mathématiques. Cette volonté de simplication passe par l'explication pas à pas des procédures de calcul, mais ne cède en rien sur les aspects méthodologiques et sur les implications des choix qui sont faits tant au niveau des instruments de recueil de données qu'à celui des indices choisis pour les analyser.

Affirmer pour autant que les statistiques deviennent un jeu d'enfant serait démagogique. Les statistiques n'amusent que les statisticiens et les enfants ont bien d'autres jeux ! Il s'agit seulement, en restant très proche des données dans cette première étape, d'une familiarisation avec des techniques et avec des raisonnements qui n'ont rien de naturel et doivent peu au bon sens puisque le but des statistiques en sciences humaines est de dire des choses sur des comportements humains en manipulant des chiffres. Les statistiques inférentielles, leurs théories plus abstraites, qui sont présentées dans un deuxième volume, semblent ensuite moins arbitraires car elles sont alors comprises comme une seconde étape du traitement des données.

FICHE 1

NOTATIONS ET RAPPELS

I - NOTATIONS

A - DÉCIMALES

Elles sont habituellement annoncées en France par une virgule les séparant des nombres entiers. Lorsqu'il n'y a pas d'entier précédent les décimales, la notation française l'indique par un 0 précédent la virgule.

La notation anglo-américaine qui tend à s'imposer dans les manuels de statistiques (et dans les logiciels informatiques) utilise le point en lieu et place de la virgule (et réciproquement pour indiquer les milliers). Lorsqu'il n'y a pas d'entier précédent les décimales, la notation anglo-américaine n'indique pas 0 mais commence la notation directement par le point.

notation française : 0,125

notation anglo-américaine : 0.125 ou .125

Nous utiliserons l'une ou l'autre notation dans ce manuel afin de familiariser le lecteur avec les différentes écritures.

B - SYMBOLES

Soit une variable I.

■ On note

xI l'ensemble des observations recueillies sur I.

xi chacune de ces observations.

Si l'on veut additionner, on note

$$\sum_{i=1}^{i=5} x_i$$

■ On dit

« somme des valeurs de x comprises dans l'intervalle x = 1 à x = 5 » ou

« sigma des x i depuis x = 1 jusqu'à x = 5 ».

NOTATIONS SIMPLIFIÉES UTILISÉES DANS CE MANUEL

Dans la mesure où l'on prendra toujours en compte toutes les observations des variables considérées, on utilise une notation simplifiée non indicée.

Les variables sont appelées x, y, z, etc.

On note $\sum x$ la somme des valeurs prises par les unités statistiques pour la variable x.

On note $\bar{x}$, $\bar{y}$, les moyennes des observations recueillies sur les variables x et y.

II - CALCULS AVEC LE SIGNE Σ

Il s'agit d'un opérateur que l'on utilise peu en dehors des statistiques, mais beaucoup en statistiques !

$\sum x$: on additionne toutes les mesures recueillies sur la variable x.

$\sum x^2$:
1) on élève chaque mesure au carré,
2) on additionne ces carrés.

$(\sum x)^2$:
1) on additionne toutes les mesures,
2) on élève le résultat au carré.

$\sum xy$:
1) pour chaque unité statistique, on multiplie la mesure faite sur x par la mesure faite sur y,
2) on additionne ces produits.

$\sum x \sum y$:
1) on additionne toutes les mesures de la variable x,
2) on additionne toutes les mesures de la variable y,
3) on fait le produit des deux résultats.

$\sum (x-a)^2$, a étant une constante :
1) pour chaque mesure de x, on fait la différence (x-a),
2) on élève au carré chaque différence,
3) on fait la somme de ces carrés.

III - RAPPELS : POURCENTAGES

a % signifie « a pour cent ». Un bénéfice de 10 % signifie qu'on a fait 10 francs de bénéfice pour 100 francs d'origine.

■ trouver l'effectif quand on connaît le pourcentage et le total.
Sur 500 élèves, 40 % sont des garçons. Combien y a-t-il de garçons ?

$$\frac{40}{100} = \frac{?}{500} \blacktriangleright ? = \frac{40*500}{100} \blacktriangleright ? = 200$$

Il y a 200 garçons.

■ trouver le pourcentage quand on connaît l'effectif et le total.
Il y a 200 garçons sur 500 élèves. Quel est le pourcentage de garçons ?

$$\frac{200}{500} = \frac{?}{100} \blacktriangleright ? = \frac{200*100}{500} \blacktriangleright ? = 40$$

Il y a 40 % de garçons.

Chapitre 1

Le recueil des données

Recueillir des données, c'est relever sur un ou des objets une ou des caractéristiques. Par exemple, chaque étudiant d'un groupe de T.P. peut être décrit par un nombre très important de caractéristiques : son sexe, son âge, la couleur de ses yeux, le département où il habite, le journal qu'il préfère, son attitude vis-à-vis de la peine de mort, sa fréquence cardiaque, son taux de cholestérol, le nombre de ses frères et sœurs, etc. Cette description, répétée pour chaque étudiant, fournirait une image du groupe ; mais cette image serait constituée d'un nombre tellement élevé d'éléments qu'elle serait difficilement maîtrisable. C'est pourquoi on se contente généralement de quelques caractéristiques.

Ces quelques repères pris sur chaque sujet n'épuisent pas, c'est évident, tout ce qui caractérise une personne ; ils ne sont que des facettes sur lesquelles le chercheur a décidé d'orienter le projecteur compte tenu des questions qu'il se pose ou des hypothèses qu'il a formulées.

FICHE 2 LE RECUEIL DE DONNÉES : DÉFINITIONS

I - RECUEILLIR DES DONNÉES : SUR QUI ?

A - POPULATION STATISTIQUE

Le but d'un chercheur qui recueille des données est généralement d'établir des conclusions générales, voire universelles, c'est-à-dire valables pour une vaste collection d'éléments, pour une population d'éléments.

La population peut être constituée d'objets particuliers (les HLM, les pièces fabriquées par une machine), d'événements (les accidents de la route), de personnes (les habitants de Paris, les agriculteurs, les chômeurs, les cardiaques) ou bien d'unités plus grandes (les ménages, les familles monoparentales, les ateliers de montage), voire d'ensembles encore plus vastes (les pays d'Europe, les lycées français).

Critères d'inclusion/d'exclusion

Les critères qui définissent et limitent l'appartenance d'un élément à la population statistique doivent être strictement précisés. La population doit être définie en compréhension de manière extrêmement précise.

B - ÉCHANTILLON

Il est généralement impossible ou inutile de recueillir des données sur l'ensemble des éléments de la population à laquelle on s'intéresse. C'est pourquoi on sélectionne un fragment, un sous-ensemble des éléments de la population appelé « échantillon ».

Cette sélection doit se faire de manière particulière afin que les résultats obtenus sur cet échantillon puissent permettre d'inférer ceux que l'on aurait le plus probablement obtenus si on avait recueilli les données sur la population entière. Ces inférences ne sont pas étudiées dans ce manuel.

C - UNITÉS STATISTIQUES

Chaque élément (objet/sujet) sur lequel on va relever les mesures relatives à chaque variable est appelé ***« individu statistique »*** ou ***« unité statistique »***.

1. Unités statistiques concrètes

Le plus souvent, l'unité statistique est réellement l'élément d'origine, un élément concret : chaque élève d'une classe, chaque malade hospitalisé etc.

Ces éléments seront référencés par de simples numéros d'identification, numéros qui ne jouissent d'aucune propriété particulière et dont l'attribution est parfaitement aléatoire (l'ordre de ces numéros ne répond à aucune logique) ; on pourrait tout aussi bien prendre les lettres de l'alphabet ou tout autre symbole.

2. Unités statistiques construites

Lorsque les éléments de base auxquels on s'intéresse sont les départements français, certaines années particulières ou des services hospitaliers par exemple, leur identification n'a rien d'aléatoire. Il s'agit d'unités abstraites, construites, qui sont déjà, en fait, des modalités de variables, le but étant d'ailleurs souvent d'étudier la relation que ces éléments entretiennent avec d'autres variables : courbe de l'inflation pendant les 10 dernières années, importance du chômage selon la région, durée moyenne de séjour dans différents services, etc.

Dans ces cas, chaque élément de base est déjà un regroupement établi à partir d'unités statistiques concrètes qui n'apparaissent plus en tant que telles : un tableau qui indique le taux de chômage par département laisse penser que l'unité statistique est le département, la variable étant le taux de chômage ; en fait, l'unité statistique véritable, l'élément de base du relevé de données, est le citoyen français en âge de travailler ; on opère sur lui deux mesures : le département où il réside et le fait qu'il soit ou non chômeur (après avoir donné bien sûr une définition opérationnelle du chômeur et du non chômeur !).

Ce n'est qu'à partir de ces informations de base que le tableau peut être rempli. Le département est donc bien plus une modalité de la variable « lieu de résidence » qu'une unité statistique à proprement parler.

II - RECUEILLIR DES DONNÉES : À PROPOS DE QUOI ?

A - Variables, Attributs, Caractères

Chacune des caractéristiques étudiées est appelée « attribut », « caractère » ou ***« variable »*** dans la mesure où elle est susceptible de prendre différentes éventualités, diverses possibilités de réalisation (différentes valeurs ou états).

B - Modalités

Chacune de ces éventualités est appelée ***« modalité »***. La variable « sexe » peut prendre deux états, deux modalités différentes : « homme » et « femme » ; les notations scolaires s'établissant habituellement de 0 à 20, la variable « note de français » peut se présenter sous 21 formes différentes ; on dit qu'elle a 21 modalités possibles. Lorsque ces modalités sont numériques, on parle souvent de « valeurs » plutôt que de modalités.

C - Contraintes

Les modalités d'une variable doivent être :

exhaustives = tout objet mesuré doit se retrouver au moins dans une modalité possible de la variable à laquelle on s'intéresse.

exclusives = tout objet mesuré doit se retrouver au plus dans une modalité de la variable à laquelle on s'intéresse.

III - RÉSULTATS DU RECUEIL : DES OBSERVATIONS

Le résultat de la mesure prise sur une unité statistique à propos d'une variable est une ***« observation »***.

IV - EXEMPLE

Un chercheur se demande si, en CM2, les garçons ont de meilleures performances en géographie que les filles (relation entre le sexe et les performances).

• La *population* statistique à laquelle il s'intéresse est constituée de tous les élèves de CM2. Il peut restreindre sa population aux seuls élèves ayant l'âge « normal » de CM2 ou aux seuls élèves nés en France, etc. Les conclusions de sa recherche devront faire mention de ces critères.

• Sauf s'il s'agit d'un recensement national, il ne recueillera ses données que sur un nombre limité d'élèves qui constitueront son *échantillon.*

• Chaque élève sera une *unité statistique.*

• Les *variables* sont le sexe des enfants et leur performance en géographie.

• Les *modalités* de la variable sexe sont « garçon » et « fille ».

Les *modalités possibles* de la variable performances sont les différentes notes possibles prévues par la grille de notation.

Les *modalités effectives* de la variable performances sont les notes obtenues par au moins un élève.

FICHE

3 RELEVÉ DE DONNÉES

Imaginons que 250 personnes aient rempli chacune un questionnaire de 5 pages. L'ensemble de ce matériel est difficilement manipulable, et il convient de constituer un ***document synthétique*** qui permette de se séparer de ce matériel encombrant sans perdre pour autant la moindre information.

On constate en effet que, d'un questionnaire à l'autre, certains éléments sont variables – les réponses des sujets – alors que d'autres sont invariables – la formulation et l'ordre des questions posées. Il y a donc beaucoup d'éléments redondants que l'on va pouvoir éliminer. D'autre part, il est possible que l'on s'intéresse, à un moment donné de la recherche, à une partie seulement des données, ou que l'on veuille les combiner, les regrouper, les recoder, etc. Il est alors nécessaire de garder trace des étapes successives de la démarche dans un document ***évolutif*** que l'on peut appeler un relevé de données et qui se compose de 3 éléments :

relevé de données
- – un carnet de bord.
- – un tableau de recueil de données.
- – un tableau de codage.

I - LE CARNET DE BORD

A - UNE MÉMOIRE

Il constitue la « mémoire » de la recherche. On y décrit la manière dont les données ont été recueillies (où, quand, comment, par qui, etc.) en précisant bien la consigne (ou les consignes) employée (s), le nombre de sujets contactés, le nombre de sujets dont on va exploiter les résultats, les difficultés rencontrées, etc. ; on y adjoint éventuellement un exemplaire du matériel utilisé, en tout cas sa description précise. L'ensemble de ces indications, qui constitue une sorte de « procès verbal », sera présenté en même temps que la publication des résultats.

B - PERMETTRE LA RÉPLICATION

Outre l'utilité qu'il présente pour l'auteur de la recherche, ce relevé a également pour fonction de permettre la ***réplication*** de la recherche, c'est-à-dire la possibilité pour un autre chercheur de faire la même recherche. Cette possibilité est rarement utilisée pour elle-même (pourquoi ne pas faire confiance aux résultats d'un chercheur ?) ;

cependant la connaissance de toutes les conditions de passation d'une recherche permet de se livrer à de fructueuses comparaisons en modifiant seulement un des paramètres et en regardant si cette modification s'accompagne d'un changement dans les résultats. Par exemple, si l'étude a porté seulement sur des femmes, on peut la compléter avec des sujets masculins et utiliser les résultats de la première étude pour établir des comparaisons ; on peut aussi modifier la consigne, le type d'apprentissage, le temps écoulé entre deux stimuli, la nature d'une tâche à effectuer, etc.

II - LE TABLEAU DE RECUEIL

Le premier travail à effectuer une fois que les données ont été recueillies consiste à les reporter sur un support qui permettra de les traiter. Il peut s'agir d'un tableau tracé sur une feuille de papier ; il peut également s'agir d'un support informatique. Quel que soit le support choisi, une bonne méthode consiste à prévoir ce tableau avant même de recueillir les données. Cette précaution permet de prévoir l'ensemble des données qui seront nécessaires pour les traitements statistiques.

Puisqu'une recherche consiste à étudier un ensemble d'objets sur un ensemble de caractéristiques, une bonne organisation du tableau doit permettre de déterminer, pour chaque observation, quel objet (ou unité statistique) et quelle variable elle concerne. Pour cela, on convient de tracer un tableau rectangulaire qui comprend autant de lignes que d'unités statistiques et autant de colonnes que de variables.

		V1	V2	V3	V4	
	001					
réponses du sujet 002 ➜	002					
	003 . .					
			↑ réponses à la variable 2			

■ Sur une ligne figure la série des mesures faites sur une même unité statistique relativement à toutes les variables. On fait figurer en début de ligne l'identificateur de chaque sujet.

■ Dans une colonne figurent toutes les mesures réalisées pour une même variable sur toutes les unités statistiques. La largeur de chaque colonne doit permettre d'y reporter l'observation qui comporte le plus de signes ; par exemple, si une variable numérique a un intervalle de variation de 0 à 200, on prévoit une colonne de 3 signes de large.

■ Au croisement d'une ligne et d'une colonne, on trouve l'observation relative à une unité statistique pour une variable particulière. Il y a donc autant d'observations qu'il y a de cases dans le tableau.

III - LE TABLEAU DE CODAGE

Dans certains cas, les données recueillies ne peuvent être directement reportées dans le tableau de recueil de données, et il est alors nécessaire d'opérer un codage. On peut par exemple convenir de mettre un « + » pour une bonne réponse et un « - » pour une mauvaise ; on peut « coder le sexe » comme le fait la Sécurité sociale (1 = homme ; 2 = femme) ou coder « 1 » une condition expérimentale et « 2 » une autre condition ; il en est de même des départements français ou de la nomenclature INSEE des catégories professionnelles ; il faudra bien se garder de considérer ensuite ces codes comme des chiffres. Mieux vaut utiliser un code alphabétique pour coder une variable non numérique, ceci évitera ensuite toute confusion.
Certains programmes informatiques de statistique n'autorisent qu'un nombre limité de caractères pour désigner le nom des variables. On est alors obligé de coder également les noms de variables.
Les codes utilisés étant le plus souvent choisis de manière arbitraire, il convient de toujours en garder la trace associée au tableau de données.

IV - APPLICATION

On a posé à 10 étudiants un certain nombre de questions parmi lesquelles :

- « indiquer votre sexe
- indiquer votre taille
- indiquer votre âge
- indiquer la section présentée au baccalauréat.
- indiquer la note obtenue au dernier contrôle de statistiques ».

Chaque étudiant a indiqué ses réponses sur une feuille ; il y a donc autant de feuilles que d'étudiants. Le premier travail va consister à préparer un tableau unique plus facilement manipulable reprenant toutes les informations contenues sur ces feuilles.

■ Le tableau doit comporter autant de lignes que d'unités statistiques, soit 10 lignes pour 10 étudiants.

■ Le tableau doit comporter autant de colonnes que de variables. Ici, 5 colonnes pour 5 questions posées.

■ Le tableau comporte donc 10*5 = 50 observations.

A - Codage et préparation du tableau :

■ indiquer un numéro d'identification sur chaque feuille.

■ le sexe sera codé H pour le sexe masculin et F pour le sexe féminin, soit un signe par sujet (si seuls des signes numériques sont autorisés, on prendra le codage administratif habituel 1 = H ; 2 = F).

■ la taille sera laissée en centimètres, soit 3 signes par sujet.

■ l'âge sera indiqué en années, soit 2 signes (aucun étudiant n'ayant 100 ans...).

■ la section de bac sera reportée en tenant compte de plusieurs sections possibles pour une même série (bac G3, A1, F8...), soit 2 signes par sujet (si les symboles alphabétiques ne sont pas autorisés, on peut utiliser l'ordre alphabétique pour le codage : le bac A1 devient 11, G3 devient 73, etc.).

■ la note tiendra compte du système de notation ; si les notes sont établies sur 20, 2 signes sont nécessaires.

Selon le support (papier, logiciel statistique, tableur...), le tableau peut prendre plusieurs aspects, du plus explicite au plus mystérieux pour qui ne connaît pas le codage (ou l'a perdu).

iden	sexe	taille	âge	bac	note		
01	H	172	20	C	18		011172203018
02	H	168	18	A2	15		021168181215
03	F	163	20	G3	16		032163207316
04	F	159	21	D	08	——>	042159214008
..	..						....
..	..						....
..	..						
..	..						
..	..						
10	F	158	19	C	12		102158193012

B - Quelques remarques :

■ Les réponses fournies – ou données – n'apportent aucune indication sur la taille ou l'âge ***réels*** des étudiants. Les mesures ne concernent que des « déclarations » à propos de... Si l'on avait voulu connaître la taille de ces étudiants, il aurait fallu utiliser un instrument de mesure direct de la taille.

■ Mieux vaut habituellement imposer les catégories possibles de réponses ; par exemple, la taille peut être indiquée avec une plus ou moins grande précision ; sans indication spéciale, certaines personnes peuvent répondre en indiquant leur taille en centimètres, d'autres en décimètres seulement ; il se trouve que dans ce cas les sujets utilisent généralement une précision semblable, culturellement déterminée : le centimètre. Les réponses fournies sont du type « 1,72 m », « 1,80 » etc. De la même manière, lorsqu'une personne adulte indique son âge, elle l'indique généralement en années rondes.

FICHE 4 — LES DISPOSITIFS DE MESURE

Il est parfois extrêmement utile de reconstituer le tableau de base implicite avec ses unités statistiques effectives ; ceci permet de bien distinguer ce qui n'est qu'un identificateur et ce qui est déjà une variable.

Il est important de noter qu'aucune variable ne se présente directement au chercheur, lequel n'aurait alors qu'à « recueillir » les données, tel un enregistreur passif. Bien au contraire, le chercheur est actif et il lui faut élaborer, ***construire des outils pour enregistrer ses données***.

DONNÉES ET RÉALITÉ

A - Pas de données naturelles

Même une variable comme le sexe n'est pas une donnée qu'on se contenterait d'observer parce qu'elle se révélerait, s'imposerait à nous de manière « naturelle ». Nous nous référons le plus souvent au sexe de l'état-civil, c'est-à-dire que nous nous reposons sur un instrument d'observation du sexe créé par les médecins, lesquels prennent pour « indicateur » du sexe la présence ou l'absence de caractéristiques anatomiques externes. Mais on sait aujourd'hui que les choses ne sont pas si simples et que le sexe chromosomique peut ne pas correspondre à cet indicateur externe.

B - Quelle réalité ?

Chaque année sont publiées « les statistiques de la criminalité ». La criminalité augmente-t-elle, quelles sont les régions ou les villes les plus concernées, etc. ? Au-delà d'une réflexion sur la définition-même de la criminalité et des délits que l'on a décidé d'inclure dans cet ensemble (du chèque sans provision au viol collectif), on peut se demander si l'instrument de mesure utilisé – déclarations de plaintes/condamnations enregistrées – reflète bien la « réalité » à laquelle on souhaite accéder ou seulement l'activité des commissariats de police !

De la même manière, si l'on s'intéresse au nombre de personnes souffrant actuellement de dépression dans les divers pays d'Europe, quel instrument de mesure va-t-on utiliser ? Va-t-on se fier au nombre de personnes hospitalisées avec un diagnostic de dépression, au nombre de boîtes d'anti-dépresseurs vendues, aux réponses faites à une question posée directement au moment des recensements, etc. ?

C - Nécessité d'opérationnaliser

Le problème est encore plus complexe lorsque les variables étudiées sont des attitudes, des traits de personnalité, le bien-être, la dépendance ou des compétences intellectuelles. Il est donc bien clair que le chercheur doit inventer un dispositif et des instruments pour pouvoir étudier et mesurer la variable qui l'intéresse ; on dit qu'il ***« opérationnalise »*** dans le sens où il décrit toutes les opérations nécessaires à la « mesure ». Cette opérationnalisation, comme tout choix, doit être argumentée, justifiée, pour le moins explicitée, et peut donc être critiquée. C'est dans ce contexte qu'il faut comprendre des phrases telles que « l'intelligence ne se mesure pas avec tel ou tel test », « les tests d'intelligence mesurent en fait la culture », « l'intelligence, c'est ce que mesure mon test », etc.

D - Qu'est-ce qu'une mesure ?

Le mot ***« mesure »*** n'apparaît pas ici de manière innocente. En effet, parler de « variable », c'est parler de variabilité, c'est-à-dire de différents états possibles, d'appartenances différentes, de valeurs plus ou moins grandes d'une variable. Il est donc nécessaire, étant donné un ensemble d'unités statistiques et un caractère que l'on veut étudier, d'affecter un certain « score » à chaque unité statistique. Cette opération s'appelle une « mesure ».

Au sens large, ***« mesurer »*** c'est faire correspondre des nombres aux choses selon certaines règles, c'est faire correspondre certaines propriétés des choses avec certaines propriétés des nombres (cf. « Les problèmes de la mesure en psychologie », PUF, 1962, et « Les méthodes quantitatives en psychologie », Reuchlin, PUF, 1962).

E - Principale difficulté de la mesure

La mesure est donc l'opération destinée à fournir des nombres sur lesquels on va pouvoir appliquer les outils mathématiques. La difficulté réside alors dans l'***isomorphie ou l'adéquation plus ou moins forte entre les propriétés des nombres*** – établies dans le monde mathématique – ***et les propriétés de la variable étudiée*** – établies dans le monde psychologique, sociologique, médical, etc. Par exemple, on pourrait opérationnaliser l'anxiété par une mesure du type : nombre de cigarettes fumées pendant une heure. Un sujet qui fume 6 cigarettes en fume 2 fois plus que celui qui en fume 3 (propriété des nombres) ; mais peut-on dire qu'il est 2 fois plus anxieux ? L'indicateur utilisé (le nombre de cigarettes) jouit bien de la propriété des nombres, mais la variable sous-jacente qui serait mesurée en jouit-elle ? Il semble moins aventureux, dans ce cas, de considérer seulement que le premier sujet est plus anxieux que le deuxième, plutôt que d'avancer une quantification plus précise.

Chapitre 2

Les échelles de mesure

FICHE 5 NOTION D'ÉCHELLE DE MESURE

En sciences sociales, les propriétés métriques des variables étudiées sont le plus souvent hypothétiques alors que l'on est obligé d'utiliser des échelles qui, elles, ne peuvent que posséder des propriétés métriques particulières.

I - PROBLÈME GÉNÉRAL

Soit par exemple le tableau suivant qui proviendrait de données relevées sur les étudiants d'un cours de statistiques :

identi-ficateur	âge	poids	sexe	profession du père	goût pour les maths
001	18 ans	52 kg	femme	ingénieur	pas du tout
002	20 ans	63 kg	homme	manœuvre	beaucoup

Le statisticien novice sait déjà que les diverses « colonnes » ne doivent pas être traitées de la même manière et que, s'il veut résumer l'ensemble d'une colonne, il n'utilisera pas la même procédure pour toutes les colonnes.

Si nous considérons seulement les deux premières unités statistiques, les deux mesures qu'elles obtiennent pour chaque variable sont différentes : cependant, leur différence d'âge – 18 ans pour l'un et 20 ans pour l'autre – ne se traite pas comme la différence entre le fait d'avoir un père « ingénieur » ou « manœuvre ».

Les instruments de mesure utilisés ont des caractéristiques différentes.

De façon générale, on peut classer les instruments de mesure utilisés en sciences sociales en trois types, selon les relations que ces instruments permettent d'instaurer entre les observations recueillies.

Il est d'usage d'appeler ***« échelles »*** ces instruments de mesure, les « échelons » étant constitués par les différentes modalités (états ou valeurs) que peut prendre une variable compte tenu de l'instrument de mesure choisi.

II - LES DIFFÉRENTS TYPES D'ÉCHELLES

A - LES ÉCHELLES NOMINALES

Il n'y a pas de structure mathématique reliant les modalités de l'échelle : des observations correspondant à des modalités différentes sont seulement déclarées différentes : on parle d'***« échelle nominale »***, d'***« échelle catégorielle »***, d'instrument à ***« catégories amorphes »*** ou à ***« catégories discrètes »***.

B - Les échelles ordinales

Les modalités de l'échelle sont liées par une relation d'ordre : des observations correspondant à des modalités différentes peuvent être classées les unes par rapport aux autres : on parle d'***« échelle ordinale »***.

C - Les échelles d'intervalles

Les modalités de l'échelle sont séparées par des intervalles égaux ; les opérations arithmétiques sont licites : on parle d'***« échelle d'intervalles »***.

III - STRUCTURE DES ÉCHELLES

Soit quatre observations, A, B, C, D :

- ÉCHELLES NOMINALES- > A = B ou A#B (identiques ou différents)
- ÉCHELLES ORDINALES- > A > B > C ; A < B < C (plus grand, plus petit)
- ÉCHELLES D'INTERVALLES- > A-B = C-D (intervalles égaux).

FICHE 6

LES DIFFÉRENTES ÉCHELLES

I - LES ÉCHELLES NOMINALES OU QUALITATIVES

Si les diverses éventualités d'une variable peuvent seulement faire l'objet d'un listage, les divers éléments de cette liste n'ayant aucune relation entre eux, on parle d'une échelle nominale. Les observations sont réparties dans des modalités ou catégories exclusives et exhaustives : chaque observation doit trouver une catégorie d'appartenance (critère d'exhaustivité) et une seule (critère d'exclusivité). On peut seulement dire que deux observations appartenant à une même modalité sont équivalentes, identiques, au moins ressemblantes quant à la variable considérée et que deux observations n'appartenant pas à une même modalité sont différentes, non ressemblantes vis-à-vis de cette variable.

A - Exemples d'échelles nominales

- le sexe,
- les catégories socio-économiques,
- les réponses « oui »,« non », « peut-être » données à un questionnaire,
- les catégories nosographiques,
- le fait d'habiter la ville ou la campagne,
- l'appartenance à un groupe témoin ou expérimental,
- la liste des départements de naissance,
- les sections du bac que l'on peut présenter,
- les nomenclatures,
- toute variable binaire en présence/absence, etc.

On distingue les échelles n'ayant que deux modalités – échelles dichotomiques – de celles ayant plus de deux modalités, les traitements statistiques pouvant différer.

B - Classe poubelle

Il est impératif que chaque donnée entre dans une modalité ou catégorie ; pour cela, on est parfois amené à créer une catégorie « poubelle » qui rassemblera les données qui n'auraient pas trouvé place ailleurs. Par exemple, si les catégories sont des réponses à des questions, on prévoit la classe « autre réponse » ou « ne sait pas ».

C - Cas particulier

On peut également remarquer que, dans certains cas, les deux modalités d'une échelle dichotomique peuvent être considérées comme ordonnées dans la mesure où il existe une dimension sous-jacente qui l'est : si l'on considère par exemple les catégories « échec » et « réussite » à un examen, on a bien en tête une dimension de plus ou moins bonne performance ; ceux qui sont reçus ont mieux réussi que ceux qui ont échoué. On aurait pu utiliser un instrument de mesure qui prenne mieux en compte cet aspect. Et il est vrai que l'on peut toujours instaurer un ordre entre 2 objets.

D'un point de vue procédural, on peut même assimiler les échelles dichotomiques à des échelles d'intervalles. Il est cependant indispensable de ne pas confondre le niveau instrumental (ce que l'on peut faire dans la pratique des calculs) avec le niveau théorique (ce que représente la variable). C'est au moment de l'interprétation des résultats obtenus que le chercheur aura à prendre cet aspect en considération.

II - Les échelles ordinales

Lorsque nous devons évaluer un certain nombre d'unités statistiques – des objets par exemple – vis-à-vis d'une caractéristique, il nous est souvent possible d'établir une mise en ordre, de dire que tel objet nous semble plus brillant, plus pur, plus grand ou moins agréable qu'un autre, que tel devoir de philosophie nous semble meilleur qu'un autre, sans pouvoir préciser « combien » de fois plus ou moins. Les unités statistiques peuvent être classées sur la variable considérée selon un ordre, mais l'écart entre deux unités statistiques successives ne peut être précisé. De la même manière, il nous est toujours possible de dire si nous aimons « pas du tout », « un peu », ou « beaucoup » le cinéma sans être capable d'expliciter quantitativement la différence que nous établissons entre ces trois niveaux.
L'échelle utilisée permet donc seulement d'ordonner les unités statistiques de la plus petite à la plus grande, de la plus courte à la plus longue, de la plus faible à la plus forte, etc. Nous sommes en présence d'une échelle « d'intensité » dont les modalités ne sont que des degrés. Les relations entre observations sont transitives : si un objet est classé au degré n («toujours», par exemple), il possède aussi les degrés n-1 (« souvent »), n-2 (« parfois »), etc ; si l'objet A est > à l'objet B et si B est > C, alors A est > C.

A - Exemples d'échelles ordinales

- classements scolaires,
- catégories « pas du tout/un peu/moyennement/très/tout à fait » proposées pour répondre à une question,
- classes d'âge,
- catégories de revenus,
- grades dans l'armée, etc.

B - Deux types d'échelles ordinales

On distingue les échelles ordinales, dans lesquelles les unités statistiques sont réparties dans des **classes ordonnées**, d'une autre forme de mise en ordre dans laquelle les unités statistiques sont rangées selon un **classement**.

Par exemple, les résultats scolaires peuvent se présenter sous la forme : bien/moyen/mal (classes ordonnées) ou sous forme de classement : premier/deuxième, etc.

Les classements peuvent provenir d'une opération de recodage réalisée a posteriori à partir de mesures initialement relevées sur d'autres types d'échelles. Il en est ainsi par exemple de la plupart des classements scolaires et de certains classements sportifs : on relève le temps mis par chaque candidat pour effectuer un certains parcours, on compte le nombre de matchs remportés, on pondère éventuellement les résultats obtenus à des épreuves différentes, puis on classe les candidats. Il existe d'autres cas dans lesquels les mesures sont directement enregistrées en classement : courses hippiques par exemple.

C - Mises en garde

■ Il convient de bien s'interroger sur la variable que l'on étudie effectivement ; par exemple, considérer que le niveau socio-économique est une variable ordonnée oblige à définir quelle échelle d'intensité instaure un ordre, une hiérarchie, entre les modalités. S'il s'agit de l'intensité « économique » liée aux salaires ou aux revenus, alors mieux vaut nommer ainsi la variable sans évoquer un « socio » que l'on ne justifie pas. Si l'on s'intéresse à une autre hiérarchie, il convient alors d'opérationnaliser explicitement la variable en jeu.

■ Si l'on demande à 50 sujets (50 unités statistiques) de classer 10 photos suivant un ordre de préférence, nous avons en fait 10 variables, chacune d'elles étant le rang attribué à une même photo par l'ensemble des 50 sujets. Le classement attribué à la photo numéro 1 par exemple varie de 1 à 10, soit 10 modalités possibles pour la variable en classes ordonnées « rang de préférence accordé à la photo numéro 1 ». Cet ordre permet de classer les unités statistiques suivant le rang plus ou moins fort qu'elles ont donné.

III - LES ÉCHELLES D'INTERVALLES, NUMÉRIQUES OU QUANTITATIVES

Dans les échelles ordinales, on sait que les observations classées 1 sont inférieures à celles classées 2, elles-mêmes inférieures à 3 ; mais on ne postule rien quant aux différences existant entre les observations appartenant à ces trois classes. À un niveau plus élevé de contraintes, et lorsque les modalités sont des valeurs numériques, on peut postuler l'égalité des intervalles séparant ces modalités.

A - Exemples d'échelles d'intervalles

- les notes scolaires,
- la taille,
- le poids,
- les échelles d'attitudes,
- plus généralement toutes les données appelées « numériques » ou « quantitatives ».

On va autoriser les quatre opérations arithmétiques sur les observations : on peut additionner le prix d'un objet et celui d'un autre objet afin d'obtenir un prix total ; on peut diviser ce prix, etc.

B - Mise en garde

Un chiffre est un symbole avant d'être un nombre. On attribue dans certains cas des « chiffres » aux différentes modalités d'une variable ordinale, ou même d'une variable nominale ; par exemple, les chiffres « 1 » et « 2 » pour coder le sexe ou les chiffres « 1 », « 2 », « 3 », pour coder le niveau socio-économique en trois catégories ; il faut se rappeler qu'il ne s'agit que d'un code et non de véritables nombres ; on n'effectuera pas d'opérations arithmétiques sur ces chiffres.

Mieux vaut attribuer aux modalités d'une variable ordinale des lettres de l'alphabet qui font penser à une relation d'ordre, et aux modalités d'une variable nominale tout autre symbole que des chiffres ou des lettres ; ceci évitera des tentations d'addition de pommes et de pierres précieuses.

C - Cas particulier : variables muettes ou pseudo-numériques

On peut toujours trouver un ordre entre 2 modalités ; de la même manière, 2 modalités n'instaurent qu'un seul intervalle ; on peut donc logiquement considérer qu'une échelle n'ayant que deux modalités est une échelle ordonnée et même une échelle d'intervalles. On peut alors attribuer deux valeurs numériques à ces deux modalités, 0 et 1 par exemple, et opérer sur les données ainsi transformées toutes les opérations possibles sur des variables numériques. On parle dans certains manuels de statistiques de « variables muettes », traduction libre mais… peu parlante de l'expression « dummy variables » (confusion avec dumb ?). Mieux vaudrait sans doute retenir l'idée d'artifice et parler d'échelles « pseudo-numériques ».

Cette « astuce » est surtout utilisée lorsqu'on étudie les relations entre plusieurs variables dont certaines sont numériques, d'autres nominales, et que l'on veut appliquer des modèles d'analyses conçus pour des variables numériques (régressions linéaires, par exemple). Les problèmes de liaisons multiples dépassent le cadre de cet ouvrage, mais nous montrerons que l'artifice peut également se révéler utile lorsque l'on n'étudie que deux variables.

FICHE 7 CHOIX DE L'ÉCHELLE DE MESURE

Certaines variables impliquent l'échelle que l'on doit utiliser. Le sexe, par exemple, ne peut se « mesurer » que sur une échelle nominale (ou pseudo-numérique). On parle alors volontiers de « variable catégorielle » et le mot « variable » est parfois remplacé par le mot « caractère ».

À l'inverse, d'autres variables offrent un choix plus vaste quant à l'échelle de mesure possible. Le chercheur doit donc être conscient du fait qu'il a souvent un choix à faire pour déterminer non seulement l'instrument de mesure mais aussi l'échelle de mesure les plus appropriés.

I - EXEMPLE

La note totale obtenue au bac est considérée comme une échelle d'intervalles.

- on peut transformer les notes des élèves d'une certaine terminale en classement.
- on peut ne retenir que les catégories « recalés », « reçus à l'oral », « reçus à l'écrit », « mention passable », « mention assez bien », « mention bien », « mention très bien ». On est alors sur une échelle en classes ordinales.
- on peut ne retenir que les catégories « recalés », « reçus » et traiter les données sous la forme d'une échelle nominale dichotomique.

II - APPLICATION

On souhaite connaître l'opinion plus ou moins favorable d'étudiants vis-à-vis de la proposition suivante : « on envisage d'ouvrir l'université le dimanche ; cette mesure ne concernerait que les enseignants et les étudiants volontaires ».

Déterminer les différentes échelles de réponses possibles.

- Donnez votre opinion sur cette proposition
    - pas du tout favorable
    - peu favorable
    - moyennement favorable
    - très favorable
    - tout à fait favorable

Les cinq modalités possibles de réponse constituent un « ordre » et l'on est donc en présence d'une échelle ordinale (classes ou catégories ordonnées).

■ Si l'on introduit une modalité de réponse supplémentaire :

- sans opinion

ou

- je ne sais pas

Cette nouvelle modalité ne peut trouver une place dans l'échelle d'intensité précédente, et l'ensemble des modalités possibles de réponse forme alors une échelle nominale.

■ On pourrait se contenter de demander : « Êtes-vous favorable à cette proposition ? » et demander de répondre par « oui » ou « non ».

L'échelle serait alors nominale dichotomique.

■ On pourrait également demander à chaque sujet d'attribuer une note de favorabilité, de 0 à 10 par exemple, 0 indiquant une opinion pas du tout favorable et 10 signifiant une opinion tout à fait favorable. L'échelle serait alors numérique.

PARTIE II

ANALYSES UNI-VARIÉES

Chapitre 3

Distribution des effectifs : le tri à plat

Les mesures étant prises et le relevé de données étant effectué, on va réduire le nombre (parfois très important) d'observations relatives à une même variable en regroupant celles qui ont obtenu la même mesure ; on va se donner les moyens d'examiner comment se répartissent, ou se distribuent, les observations en fonction des diverses modalités possibles d'une variable.

FICHE 8 INVENTAIRE DES MODALITÉS DÉNOMBREMENT

I - INVENTAIRE

Pour chaque variable, on fait la liste de toutes ses modalités possibles, c'est-à-dire de toutes les catégories ou valeurs possibles dans lesquelles peuvent se classer les unités statistiques compte tenu de l'instrument de mesure utilisé.

En cas d'échelles ordinales ou d'intervalles, on classe ces modalités par ordre croissant (ou décroissant).

S'il s'agit d'une variable numérique ayant un très grand nombre de modalités possibles (la taille par exemple) et dont on sait que certaines ne peuvent être remplies (aucun sujet adulte ne mesure moins de 100 centimètres et plus de 220 centimètres), on peut déterminer son intervalle de variation, c'est-à-dire la plus petite et la plus grande valeur pour lesquelles on a obtenu au moins une observation. À partir du moment où cet intervalle a été déterminé, ***on indique toutes les modalités possibles comprises dans cet intervalle.***

II - DÉNOMBREMENT

On prend l'une après l'autre les observations relatives à une même variable (une colonne du tableau de données), et on trace pour chacune d'elles un bâton (ou tout autre symbole) à côté de la modalité correspondante. Il est pratique d'installer les bâtons par groupes de 5, le comptage se fera ensuite plus rapidement.

Exemple : On a relevé le sexe de 22 unités statistiques.

Il n'y a que 2 modalités possibles : « homme » et « femme ».

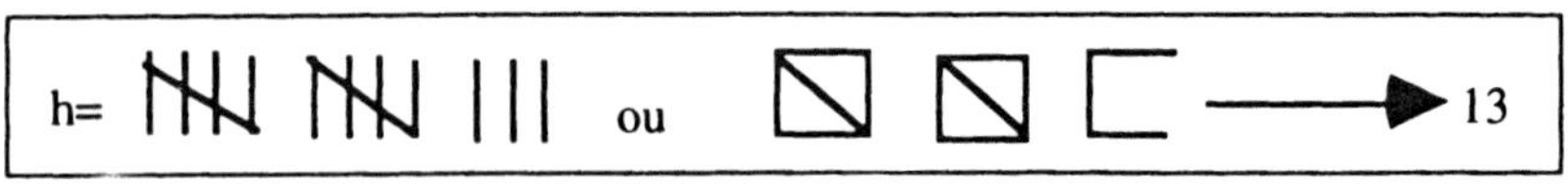

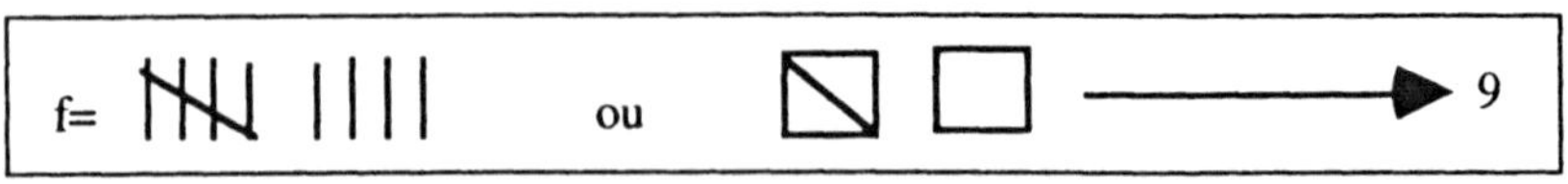

III - REMARQUES

■ On peut, dans un premier temps, réduire d'une unité la précision de l'instrument utilisé : si la taille a été mesurée en centimètres, on peut indiquer les modalités en décimètres.

■ Lorsqu'une variable mesurée sur une échelle numérique possède un très grand nombre de modalités, on peut réduire la précision de l'instrument de mesure sans perte d'information : à la place des bâtons, on indiquera la valeur de l'unité perdue.

Exemple : Soit la variable « taille » indiquée en centimètres pour 9 unités statistiques : 163, 162, 166, 168, 172, 175, 175, 175, 178.

1,60 mètre : 3, 2, 6, 8 ——> 4
1,70 mètre : 2, 5, 5, 5, 8 ——> 5

On peut ainsi faire un premier tri sans perte d'information puisque l'on peut revenir aux données.

FICHE 9 REGROUPEMENTS EN CLASSES

Il arrive parfois, lorsque la liste des valeurs prises par une variable d'intervalle est très longue et difficile à manipuler, la variable « âge des sujets » par exemple, que l'on préfère regrouper les données en classes.

I - CARACTÉRISTIQUES DES CLASSES

A - EXCLUSIVITÉ

Les classes doivent être exclusives – ou incompatibles – : chaque observation n'entre que dans une classe.

On prendra soin de ne pas utiliser la même borne (ou limite) pour deux classes successives. Par exemple, on ne fera pas une classe d'âge 0-20 et une autre 20-40 : un sujet de 20 ans appartiendrait alors à deux classes différentes.

B - EXHAUSTIVITÉ

Les classes doivent être exhaustives : toute observation doit entrer dans une classe.

C - AMPLITUDE

Si l'on veut utiliser un regroupement en classes pour calculer des indices numériques, il importe de respecter un troisième impératif : les classes doivent toutes avoir la **même amplitude** (ou le même intervalle). On ne fera pas une classe de 15 à 20 ans (6 ans d'amplitude) et une autre de 21 à 40 (20 ans d'amplitude). On pourra attribuer à chaque classe sa valeur centrale (la valeur qui se trouve au milieu de l'intervalle). Il s'agit donc d'une modalité fictive.

On fait parfois une exception pour les classes extrêmes. On forme par exemple une première classe avec tous les sujets de moins de 25 ans et une dernière avec les sujets de 65 ans et plus.

II - NOMBRE DE CLASSES

On conseille habituellement de choisir un nombre de classes, c'est-à-dire de modalités, compris entre 6 et 12. En effet, le but étant d'avoir un nombre de modalités qui permette une présentation claire et/ou des calculs faciles, il ne serait pas approprié de prévoir un grand nombre de classes.

III - APPLICATION

Pour établir un questionnaire, vous devez construire a priori des classes d'âge pour une population d'utilisateurs des transports en commun ;

- moins de 25 ans
- 25 ans à 34 ans
- 35 ans à 44
- 45 ans à 54
- 55 ans à 64
- 65 ans et plus

Il est bien préférable, dans un tel cas, de demander aux personnes qui doivent remplir le questionnaire d'indiquer leur âge. On construira ensuite des classes qui permettront de présenter les résultats de manière synthétique, mais on aura toujours les données de base pour les calculs.

IV - MISES EN GARDE

■ Il est important d'avoir à l'esprit que le regroupement de données en classes n'est pas une opération neutre. Considérons par exemple les deux classes d'âge 25-34 ans et 35-44 ans. Deux sujets de 34 et 35 ans, qui ont une seule année de différence, vont se trouver répartis dans deux classes différentes, et se verront attribuer respectivement 29,5 et 39,5 (les valeurs centrales de leur classe), alors que l'on trouvera dans la même classe deux sujets de 25 et 34 ans qui ont en fait 9 années d'écart.

■ On peut remarquer que les limites de classes (ou bornes) sont généralement choisies pour des raisons a-théoriques et uniquement arithmétiques. Quelle théorie sociologique ou psychologique conseille de prendre 20 ans, 21 ou 25 ans comme limite de la première classe ?

■ Le regroupement en classes, très utilisé autrefois pour faciliter les calculs, peut maintenant être utilement évité, même si l'on ne dispose que d'une calculatrice peu sophistiquée.

■ Cette procédure revient à découper a priori une variable numérique en « tronçons » de même longueur. Il est également possible d'opérer des regroupements en découpant, non pas la variable, mais les effectifs. La première classe comprendra par exemple 10 % des sujets, la deuxième aussi, etc. Ces procédures seront détaillées dans le chapitre 7.

FICHE 10 TABLEAU DE DISTRIBUTION D'EFFECTIFS ou TRI À PLAT

I - TECHNIQUE

A - LISTE DES MODALITÉS

On construit un tableau dans lequel on reporte sur la première ligne la liste de toutes les modalités possibles de la variable.

B - EFFECTIFS

Sur la deuxième ligne, on fait correspondre, à chacune de ces modalités, le nombre d'observations correspondant ou ***effectif*** associé à la modalité. On a ainsi une série d'effectifs, appelée ***série statistique, distribution statistique ou distribution expérimentale*** (on a distribué ou réparti l'ensemble des observations recueillies sur les diverses modalités de la variable). On parle aussi de ***tri à plat***.

C - FRÉQUENCES ET POURCENTAGES

Sur une troisième ligne, on peut diviser chaque effectif par le nombre total d'observations ; on obtient alors une série de ***fréquences*** (N.B. en anglais, *frequency* = effectif et *proportion* = fréquence). On peut utiliser les ***pourcentages*** à la place des fréquences. Une fréquence est en fait un pourcentage dont on a effectué l'opération : un pourcentage de 20 % (bien lire 20 pour 100) correspond à une fréquence de 0,20 (20 divisé par 100).

D - EFFECTIFS, FRÉQUENCES, POURCENTAGES CUMULÉS

Dans le cas d'échelles ordinales ou d'intervalles, on ajoute au tableau une ligne indiquant les ***effectifs cumulés*** croissants.

Pour chaque modalité, on ajoute l'effectif de cette modalité à l'ensemble des effectifs correspondant aux modalités inférieures. On peut de même indiquer les ***fréquences cumulées*** croissantes. Si les fréquences ne « tombent pas juste », leur cumul risque d'aboutir à un total supérieur à 1. Il vaut donc mieux ne pas additionner les fréquences, mais refaire les calculs pour chaque modalité à partir des effectifs cumulés.

On pourrait tout aussi bien calculer les effectifs et les fréquences cumulés décroissants.

Ce cumul des effectifs permet par exemple, si la variable est un résultat scolaire, de lire directement combien d'élèves (ou quelle proportion) ont une note inférieure ou égale à une valeur donnée.

II - APPLICATION 1

On a interrogé 120 sujets pour savoir s'ils fermaient à clef la porte de leur appartement en sortant.

Les sujets avaient le choix entre les réponses

- « jamais »,
- « parfois » (1 fois sur 4 environ)
- « souvent » (1 fois sur 2 environ)
- « très souvent » (3 fois sur 4 environ)
- « toujours ».

Dresser le tableau suivant :

	jamais	parfois	souvent	très souvent	toujours	TOTAL
effectifs	25	40	20	0	35	120
fréquences	0,21	0,33	0,17	0	0,29	1
pourcent.	21 %	33 %	17 %	0	29 %	100

25/120

Le compléter en indiquant les effectifs, fréquences et pourcentages cumulés croissants.

Le cumul a un sens, puisqu'il s'agit bien d'une variable ordinale : une personne qui ferme souvent sa porte la ferme plus souvent que celle qui ne la ferme que parfois. On peut donc établir le tableau suivant :

effectifs cumulés croissants	25	65	85	85	120	120
fréquences cumulées croissantes	0,21	0,54	0,71	0,71	1	1
pourcentages cumulés croissants	21 %	54 %	71 %	71 %	100	100

On voit ainsi que 65 sujets disent fermer leur porte au plus « parfois » (« jamais » et « parfois »), et que 71 % des sujets interrogés ne ferment pas toujours leur porte, etc.

III - APPLICATION 2

Un enseignant de français a corrigé les rédactions de 217 élèves en leur attribuant une note de 0 à 10. On a établi le tri à plat ou la distribution d'effectifs suivante :

notes	0	1	2	3	4	5	6	7	8	9	10	
effectifs	12	20	30	15	0	20	25	35	20	15	25	217
fréquences	.06	.09	.14	.07	0	.09	.12	.16	.09	.07	.12	
pourcentages	5.5	9.2	13.8	6.9	0	9.2	11.5	16.1	9.2	6.9	11.5	
effectifs cumulés croissants	12	32	62	77	77	97	122	157	177	192	217	
fréquences cumulées croissantes	.06	.15	.29	.35	.35	.45	.56	.72	.82	.88	1	
pourcentages cumulés croissants	5.5	14.7	28.6	35.5	35.5	44.7	56.2	72.4	81.6	88.5	100	

IV - REMARQUE

Comme nous l'avons vu fiche 8, on peut être amené à ne pas indiquer toutes les modalités possibles. Par exemple, on jugera inutile de partir de zéro si la variable est la taille des sujets. Mais à partir du moment où l'on a déterminé l'intervalle de variation effective d'une variable, ***toutes les valeurs possibles intermédiaires doivent apparaître dans le tableau*** même si on ne trouve aucune observation pour cette modalité. Cette procédure permet de repérer immédiatement les « trous » d'une distribution.

De même, si les données ont été regroupées en classes, toutes les classes possibles doivent apparaître, même si elles ne contiennent aucune observation.

Chapitre 4

Représentations graphiques des distributions

Le tri à plat d'une variable permet de déterminer combien d'observations ont été recueillies pour chaque modalité d'une variable. Cette indication peut se lire aisément dans un tableau, mais on peut envisager d'en donner une représentation plus attrayante.

Le but d'un diagramme visuel représentant une distribution d'effectifs est de mettre en évidence les irrégularités ou les régularités de cette distribution, ses pics et ses vallées, son éventuelle ressemblance avec une forme connue (plate, en cloche).

Un diagramme visuel doit pouvoir être lu directement, indépendamment du commentaire qui peut l'accompagner.

Cette « mise en évidence » n'a rien d'une évidence qui s'imposerait à notre perception visuelle dans une opération où nous serions passifs. Si ces graphiques nous « parlent », c'est parce qu'ils reposent sur une arithmétique que nos sens déchiffrent de manière implicite. Notre œil exercé repère instantanément qu'une colonne est trois fois plus longue qu'une autre ou qu'une surface est nettement plus importante qu'une autre. Nous « voyons » instantanément les rapports entre longueurs que nous transformons en rapport numérique (3 fois plus long = trois fois plus grand). Et c'est sur cette immédiateté peu consciente que reposent certaines manipulations.

QUELQUES ILLUSIONS PERCEPTIVES

De nombreux psychologues de la perception se sont intéressés à l'exploration visuelle et ont montré l'existence de quelques « illusions d'optique ».

Il s'agit de déformations apparentes d'objets, déformations relatives qui portent sur la taille d'un objet par rapport à un autre.

Ces illusions ont la particularité de se produire même chez une personne prévenue.

Müller-Lyer

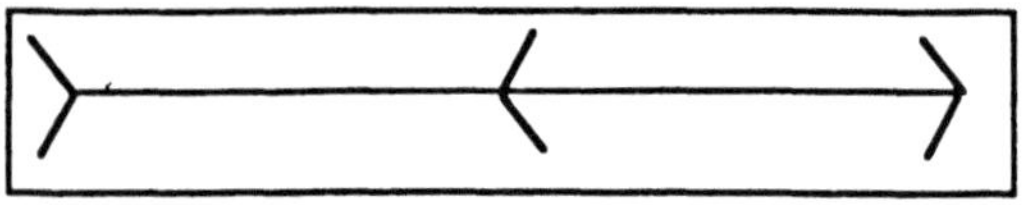

Le segment de gauche semble plus long que celui de droite alors qu'ils sont semblables.

Delboeuf

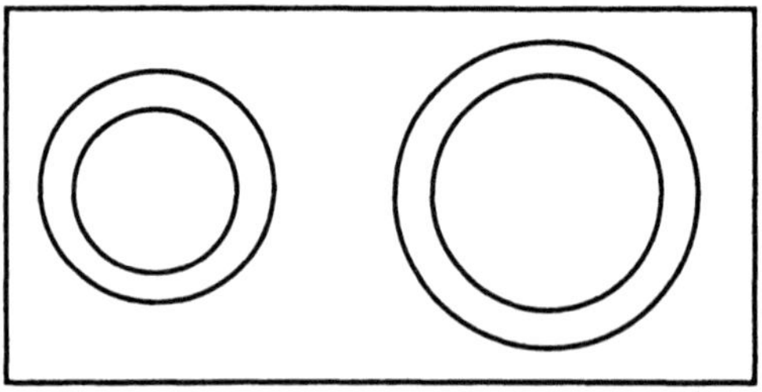

Le cercle extérieur de la figure de gauche semble plus petit que le cercle intérieur de la figure de droite.

Horizontale/verticale

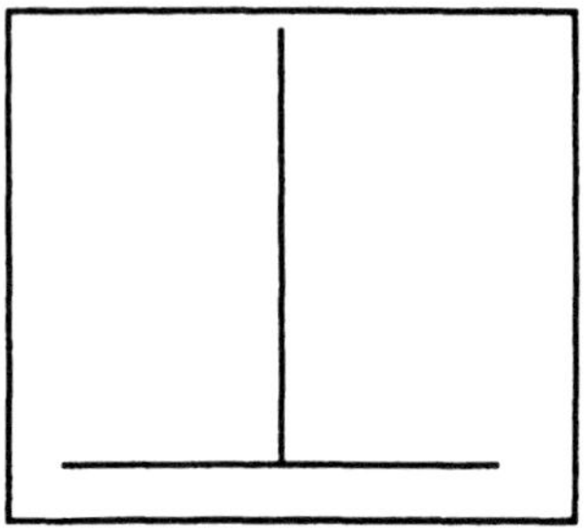

La droite verticale semble plus grande que la droite horizontale.

REMARQUE

Ces phénomènes perceptifs ne doivent pas faire renoncer à l'utilisation de techniques graphiques ; ils doivent seulement inciter à la prudence !

Diverses méthodes permettent des représentations graphiques d'une série de données : le diagramme en étoiles ou en bâtons, l'histogramme, le polygone de fréquences et le diagramme à secteurs.

FICHE 11 DIAGRAMMES EN ÉTOILES OU EN BÂTONS, HISTOGRAMMES

L'objectif d'un tel graphique est de visualiser les effectifs correspondant aux différentes modalités d'une variable.

I - DIAGRAMMES EN ÉTOILES ET EN BÂTONS

A - MÉTHODE

1. Étape 1

On dessine une ligne horizontale sur laquelle on reporte ***toutes les modalités possibles de la variable***, en tout cas toutes les modalités possibles comprises dans l'intervalle de variation, ainsi que ***le nom de cette variable***.

Remarques :

- Si l'on a opéré un regroupement en classes, on indique sur cette ligne les ***valeurs centrales*** des classes.
- S'il s'agit d'une variable nominale, on n'oriente pas la ligne horizontale, puisque l'ordre dans lequel on dispose les modalités de la variable sur cette ligne est totalement arbitraire.
- S'il s'agit d'une variable d'intervalles, on ***oriente*** cette ligne horizontale et on respecte une échelle (l'espace compris entre deux valeurs successives doit être égal à celui qui sépare deux autres valeurs successives) ; la ligne devient alors un axe, et il est important d'y mettre un repère particulier si les valeurs de la variable ne commencent pas à zéro (par exemple, le signe// entre 0 et la première modalité).
- Le fait de choisir l'axe horizontal pour la variable est arbitraire et conventionnel. Dans certains cas, c'est l'***axe vertical*** qui est préféré (surtout si l'on désire comparer deux distributions, comme nous le verrons ultérieurement pour la pyramide des âges par exemple). Rappelons à ce propos ce que nous avons indiqué en début de chapitre concernant l'existence d'illusions d'optique dans la comparaison de segments verticaux mis les uns sous les autres.
- Les ***logiciels informatiques*** qui permettent de visualiser les tris à plat utilisent très souvent l'axe vertical pour indiquer la variable, les effectifs étant en colonnes d'étoiles ou en bâtons horizontaux : le papier listing est limité en largeur mais pas en longueur ; on peut jouer sur l'échelle pour les effectifs (une étoile pour 5, 10 ou 20 sujets) et être certain de pouvoir les « caser » dans la largeur, l'intervalle de variation de la variable pouvant alors s'étaler en longueur, éventuellement sur plusieurs pages...

2. Étape 2

■ **Des étoiles**

En colonnes, au-dessus de chaque modalité de la ligne précédente, on marque une étoile pour chaque unité statistique appartenant à cette modalité ; le nombre d'étoiles est donc équivalent à l'effectif de la modalité, et la hauteur de chaque colonne correspond à cet effectif.

On peut décider que chaque étoile représente un certain nombre d'unités statistiques plutôt qu'une seule, cette règle étant la même pour toutes les modalités.

■ **Des bâtons**

On peut se contenter de tracer au-dessus de chaque modalité un bâton vertical dont la hauteur correspond à l'effectif, selon une échelle déterminée. Il est habituel de tracer alors sur la gauche du graphique un axe vertical sur lequel on reporte les effectifs, en tenant compte de l'échelle choisie.

On peut également indiquer l'effectif au-dessus du bâton.

On peut tout aussi bien utiliser les fréquences ou les pourcentages à la place des effectifs pour construire le diagramme.

B - Application 1

On a interrogé 120 sujets pour savoir s'ils fermaient à clef la porte de leur appartement. Le tri à plat (distribution d'effectifs) est le suivant :

	jamais	parfois	souvent	très souvent	toujours	TOTAL
effectifs	25	40	20	0	35	120
fréquences	0,21	0,33	0,17	0	0,29	1
pourcent.	21 %	33 %	17 %	0	29 %	100

En prenant une étoile pour 5 réponses, nous pouvons établir le graphique suivant :

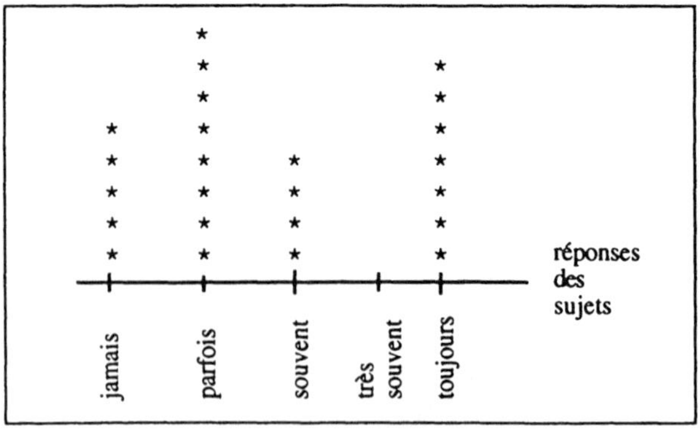

C - APPLICATION 2

Soit le tri à plat (distribution d'effectifs) des notes obtenues par 217 sujets ; établir un graphique en bâtons

notes	0	1	2	3	4	5	6	7	8	9	10	
effectifs	12	20	30	15	0	20	25	35	20	15	25	217

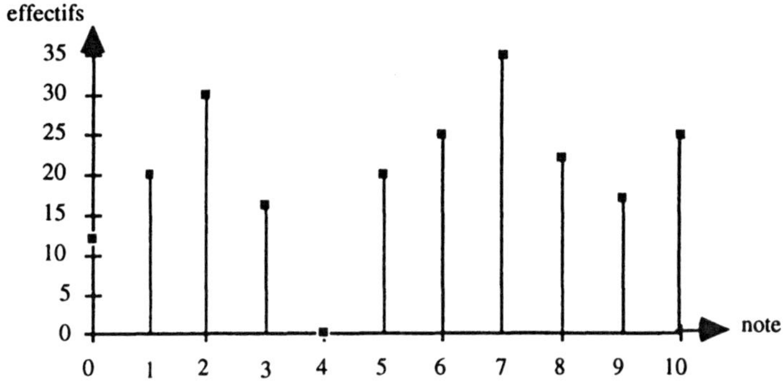

D - ENRICHISSEMENTS POSSIBLES

1. Les numéros de sujets

La seule information que l'on ait perdue avec les précédents graphiques est le numéro des unités statistiques. Si on souhaite le conserver et si les unités statistiques ne sont pas trop nombreuses, on peut, à la place des étoiles, indiquer leur numéro d'identification. Ceci est surtout utile si l'on a plusieurs graphiques correspondant à des données relatives à plusieurs variables pour les mêmes unités statistiques ; on pourra ainsi «voir» comment se situe une même unité statistique pour différentes distributions.

Exemple

20 sujets ont passé une épreuve de français et une épreuve de maths.

Le système de notation permet de les répartir dans 5 modalités ordonnées de A (meilleure performance) à E.

effectifs

E	D	C	B	A
		12		
		11	17	
18		10	16	
08	19	07	14	
05	03	06	13	20
01	02	04	09	15

notes de français

effectifs

E	D	C	B	A
20				
18	14			
15	13	07		
11	09	06	16	
10	08	05	12	19
01	02	04	03	17

notes de maths

Nous voyons que le sujet 01 a une note basse pour les deux épreuves, alors que le sujet 15 a une note forte en français et une note faible en maths.

De la même manière, si les données ont été regroupées en classes, on peut indiquer les valeurs brutes initiales avant regroupement à la place des étoiles.

Ces deux derniers « trucs » permettent de perdre un minimum d'informations tout en bénéficiant de la visualisation de la distribution.

2. Deux axes de référence

Il peut se révéler utile de monter un deuxième axe vertical (sur la droite du graphique, par exemple) et d'y reporter les fréquences ou les pourcentages.

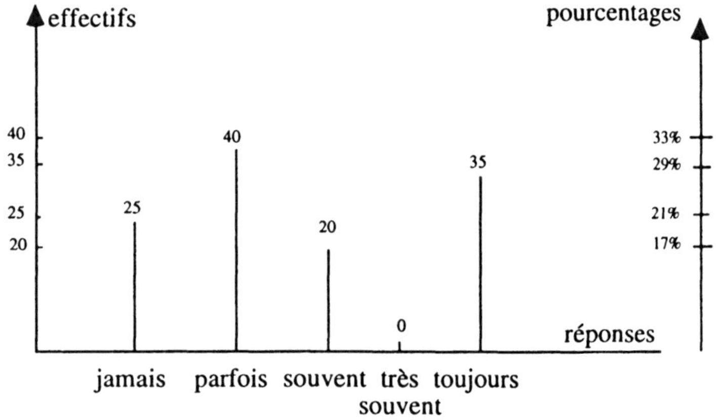

On peut, en procédant de la même manière, établir un diagramme en étoiles ou en bâtons des effectifs, des fréquences ou des pourcentages cumulés.

II - HISTOGRAMMES

A - MÉTHODE

On utilise la même procédure que pour les diagrammes en bâtons, puis on « élargit », on « épaissit » les bâtons obtenus, symétriquement de chaque côté, formant ainsi des « tuyaux d'orgue » de forme rectangulaire. On obtient donc des rectangles dont la surface est proportionnelle aux effectifs de chaque modalité de la variable étudiée.

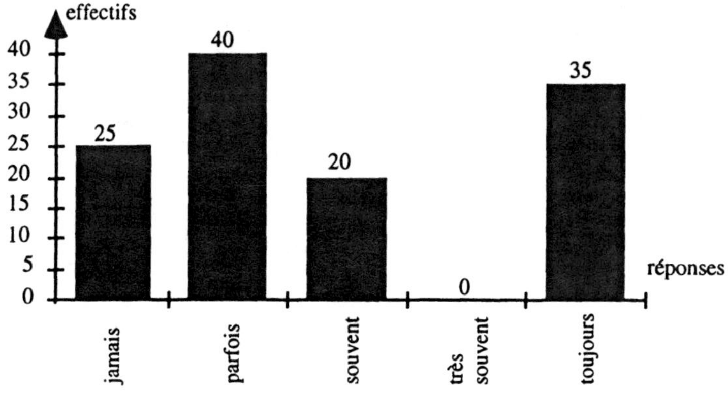

Cette procédure ne pose pas de réels problèmes lorsque les modalités sont des catégories discrètes (modalités non continues). On trace des rectangles en lieu et place des bâtons. On peut remarquer que cette représentation ajoute aux diagrammes précédents (étoiles et bâtons) un avantage purement « esthétique ».

Le terme « histogramme » est parfois réservé à la représentation graphique des distributions obtenues sur des échelles numériques. On épaissit tous les bâtons d'une même largeur, jusqu'à ce qu'ils se touchent. On obtient donc des rectangles accolés les uns aux autres et formant une sorte d'escalier.

B - Mise en garde

Trop souvent, on commence par faire un diagramme en bâtons, puis, ayant souvenir d'« une espèce d'escalier », on trace des marches sans grande méthode. Le résultat obtenu ressemble peut-être à un escalier, mais le diagramme risque bien d'être faux.

C - Application

Établir un histogramme d'après le tri à plat suivant, indiquant le nombre de mots retenus par 217 sujets dans une épreuve de mémorisation :

notes	0	1	2	3	4	5	6	7	8	9	10	
effectifs	12	20	30	15	0	20	25	35	20	15	25	217

NON : GRAPHIQUE FAUX

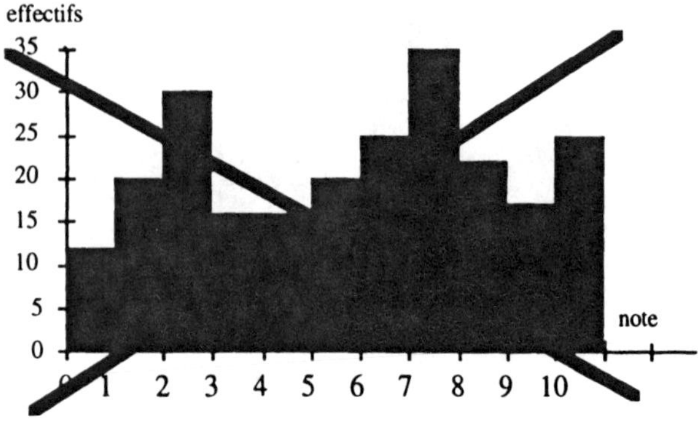

OUI : BON GRAPHIQUE

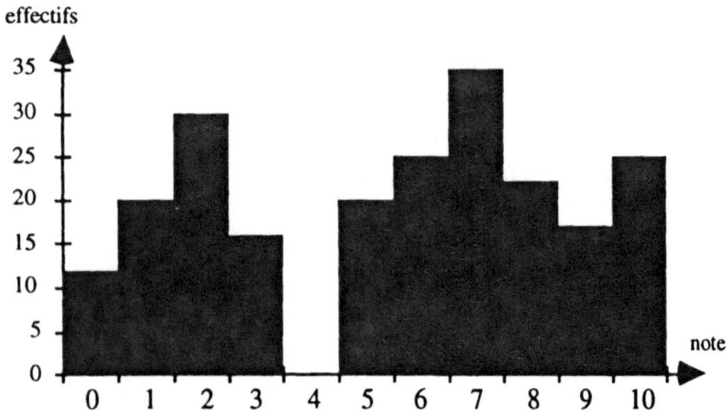

D - PROBLÈME DE LINÉARITÉ

Un histogramme matérialise visuellement la conception de la variable comme étant une variable linéaire « continue ». Si les modalités sont des notes rondes successives – 1, 2, 3, etc. –, l'histogramme les transforme en classes jointives de type (0,5 - 1,5), (1,5 - 2,5) etc.

La justification porte sur la distribution continue de la variable sous-jacente dont les modalités observées ne seraient discontinues que pour des raisons concernant l'instrument de mesure utilisé. On considère par exemple que la taille est continue (quelle que soit la taille de deux personnes, on peut toujours en trouver une troisième dont la taille soit intermédiaire), même si la taille est mesurée en centimètres dans une recherche particulière. De la même manière, on considère comme continue la variable « note de mathématiques », même si le barème utilisé pour la correction permet seulement d'obtenir des notes rondes : on pense en effet qu'une notation plus fine permettrait d'obtenir des demi-points, des quarts de points, etc.

E - Variable en classes

Si les modalités sont des classes, la base de chaque rectangle est égale à l'intervalle de classe. Les bases des rectangles ne sont donc égales que si les intervalles de classes le sont.

Nous n'étudierons pas le tracé d'histogrammes correspondant à des distributions de variables découpées en classes d'inégale amplitude (intervalles de classes différents les uns des autres). Dans ce cas, ce sont les surfaces des rectangles qui doivent être proportionnelles aux effectifs. Cette procédure, outre certains postulats de distribution, est source de fréquentes erreurs.

FICHE 12 POLYGONE D'EFFECTIFS, DE FRÉQUENCES ou DE POURCENTAGES

I - MÉTHODE

Après avoir élaboré une représentation visuelle, on peut, ***si la variable est au moins ordinale***, joindre les sommets des colonnes d'étoiles, des bâtons ou des rectangles afin d'obtenir une ligne brisée.

Cette ligne permet d'apprécier l'allure générale de la distribution, mais n'apporte aucune information supplémentaire. De plus, on court le risque de « sauter par-dessus un trou », c'est-à-dire d'oublier de revenir sur l'axe horizontal lorsque une modalité présente un effectif nul.

II - APPLICATION 1

Établir le polygone de pourcentages de la distribution suivante

	jamais	parfois	souvent	très souvent	toujours	TOTAL
effectifs	25	40	20	0	35	120
fréquences	0,21	0,33	0,17	0	0,29	1
pourcent.	21 %	33 %	17 %	0	29 %	100

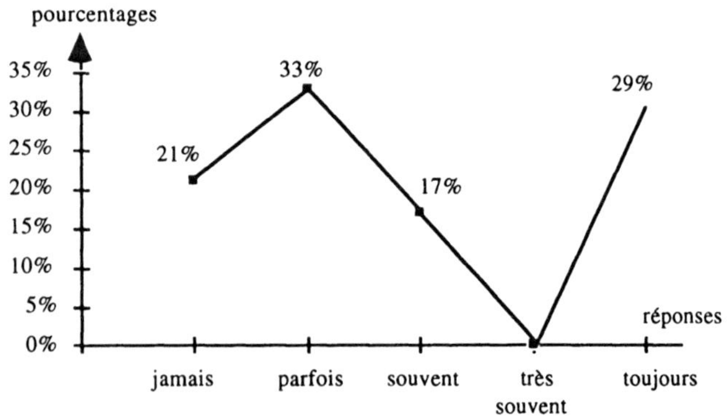

III - APPLICATION 2

Établir le polygone d'effectifs de la distribution suivante

notes	0	1	2	3	4	5	6	7	8	9	10	
effectifs	12	20	30	15	0	20	25	35	20	15	25	217

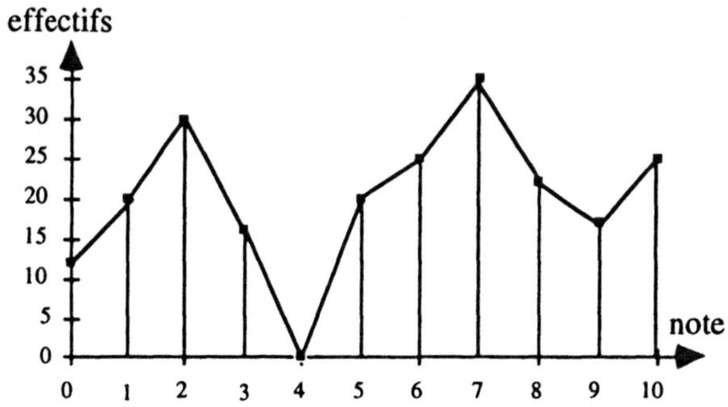

IV - APPLICATION 3

On peut, de la même manière, tracer le polygone des effectifs cumulés, fréquences cumulées ou pourcentages cumulés

	jamais	parfois	souvent	très souv.	toujours	TOTAL
effectifs	25	40	20	0	35	120
effectifs cumulés croissants	25	65	85	85	120	120

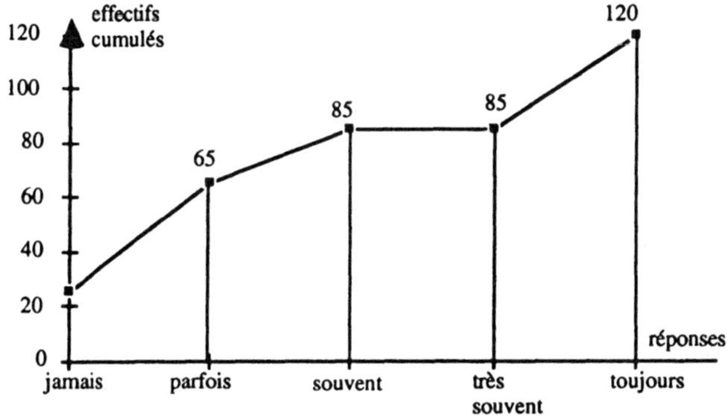

On se contente parfois de mettre un symbole à la place du sommet de chaque bâton comme dans le graphique ci-après.

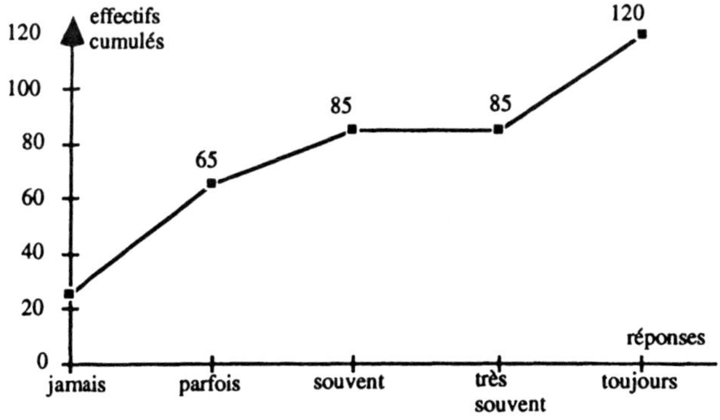

FICHE 13 DIAGRAMMES À SECTEURS OU CAMEMBERTS

I - MÉTHODE

On trace un cercle et on considère que la surface de ce cercle représente l'effectif total (ou la fréquence 1 ou 100 %). On va découper autant de secteurs circulaires dans ce cercle qu'il y a de modalités réellement prises par la variable, comme on découpe une tarte (ou un camembert), mais en faisant des parts inégales : la surface de chaque secteur (part) découpé doit être proportionnelle à l'effectif de la modalité (on utilise la valeur de l'angle au centre pour tracer chaque secteur en se rappelant que l'effectif total correspond alors à 360 degrés).

Attention : si une modalité possible de la variable ne correspond à aucune observation, cette modalité n'apparaît pas sur le « camembert ».

II - APPLICATION 1

Soit le tri à plat suivant :

	jamais	parfois	souvent	très souvent	toujours	TOTAL
effectifs	25	40	20	0	35	120
pourcent.	21 %	33 %	17 %	0	29 %	100

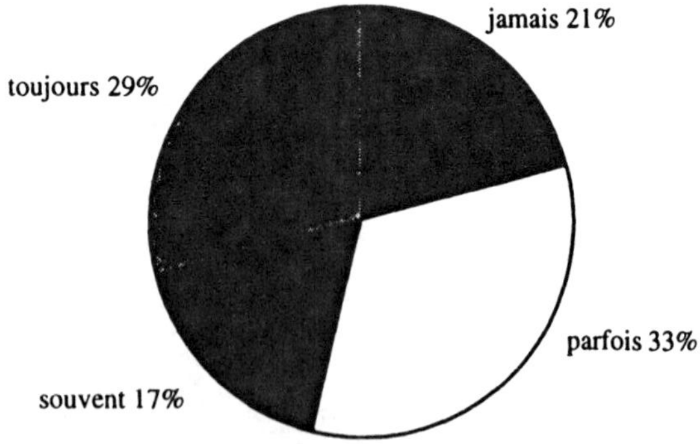

III - APPLICATION 2

Soit le tri à plat suivant :

notes	0	1	2	3	4	5	6	7	8	9	10	
effectifs	12	20	30	15	0	20	25	35	20	15	25	217

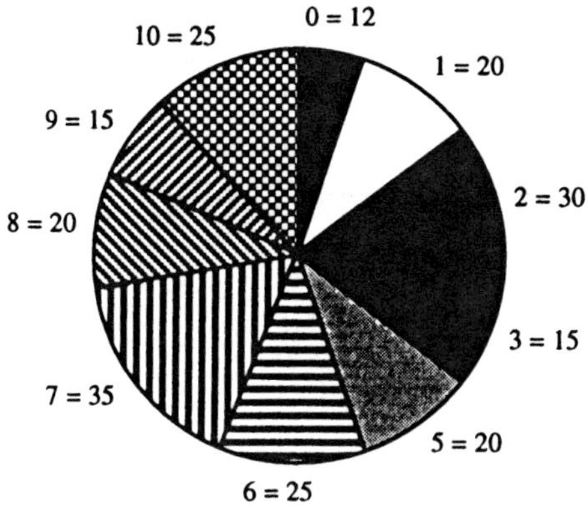

FICHE 14 — ERREURS ET/OU MANIPULATIONS

On assiste depuis quelque temps à une véritable débauche de graphiques dans la presse écrite. Certains journalistes, vraisemblablement avec l'aide de logiciels sophistiqués, cèdent souvent à un esthétisme qui, s'il n'ajoute aucune information, en vient parfois à brouiller, voire à travestir les données.

I - DIAGRAMMES EN BÂTONS ET HISTOGRAMMES

A - Erreur de graphique

Il ne faut pas confondre les diagrammes qui montrent le nombre de sujets (d'unités statistiques) pour chaque modalité d'une variable avec une représentation graphique qui montre la modalité prise par chaque sujet.

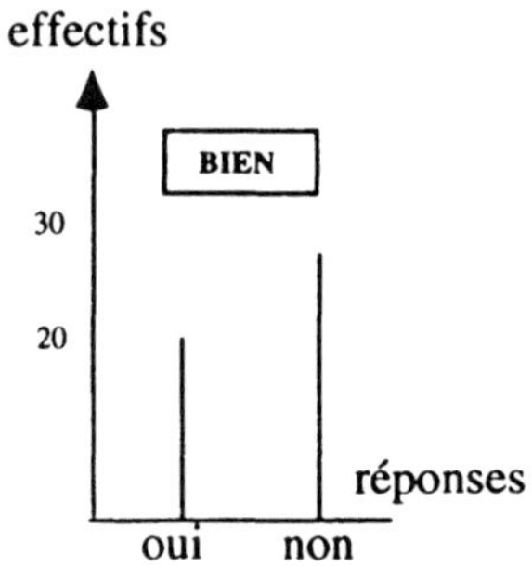

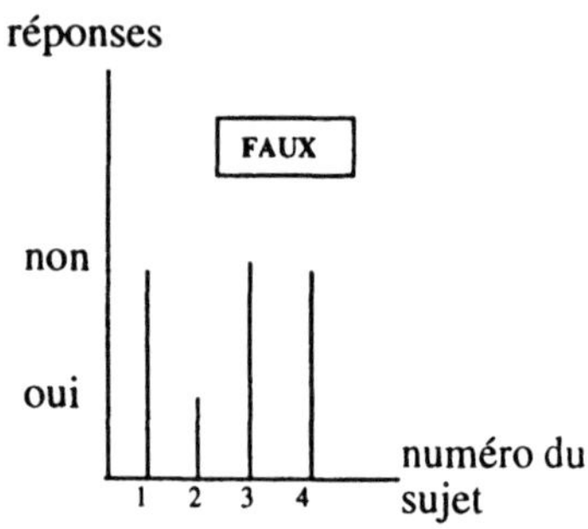

B - Décalage des modalités

Si le chiffre 0 est une modalité possible de la variable, on peut décaler ce 0 vers la droite (si on a pris l'axe horizontal comme axe des modalités), afin qu'il ne coïncide pas avec le point de rencontre des lignes verticale et horizontale (origine des axes). On évite ainsi d'avoir une colonne d'étoiles ou un bâton sur l'axe vertical.

De la même manière, si la première modalité de la variable est largement plus grande que 0 (tailles ou revenus par exemple), on peut réduire l'espace séparant l'origine des axes de cette première modalité.

Dans les deux cas, ***il convient de l'indiquer très nettement sur l'axe par un signe particulier***.

Cette procédure ne modifie pas l'aspect visuel global ; on se contente de faire « glisser » l'ensemble du graphique le long de la ligne horizontale.

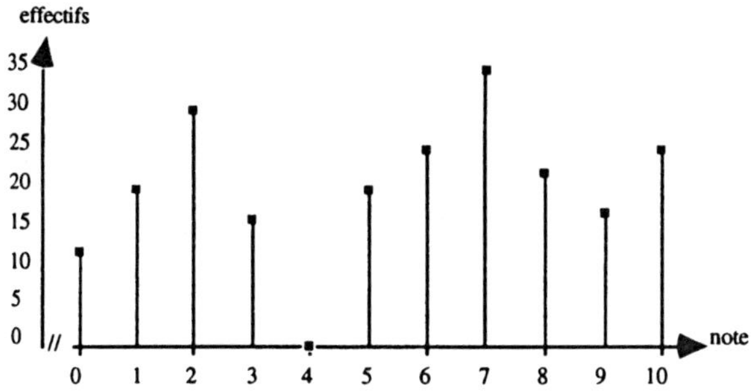

C - Décalage des effectifs

Lorsque c'est l'axe où l'on reporte les effectifs qui est modifié, de graves erreurs risquent d'être induites.

En effet, un effectif de 40 est 2 fois plus grand qu'un effectif de 20 ; la colonne d'étoiles, le bâton ou le rectangle de l'histogramme doivent donc être 2 fois plus grands. Si l'on opère un changement d'origine sur cet axe, en démarrant à l'effectif 15 par exemple et non 0, la hauteur correspondant à 40 devient 25 (40 - 15), et celle correspondant à 20 devient 05 (20 - 15), c'est-à-dire 5 fois plus petite. Les rapports s'en trouvent donc considérablement faussés.

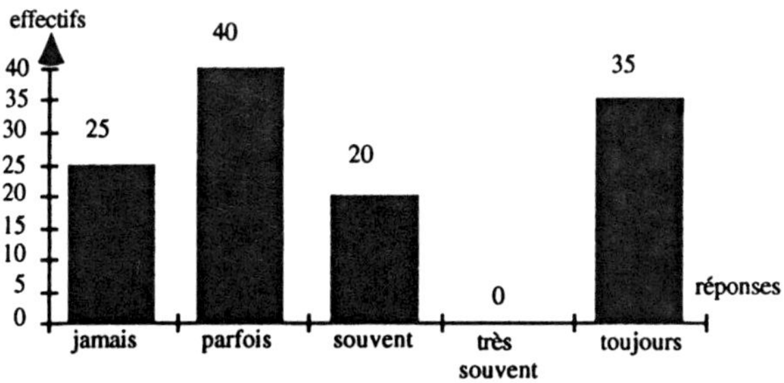

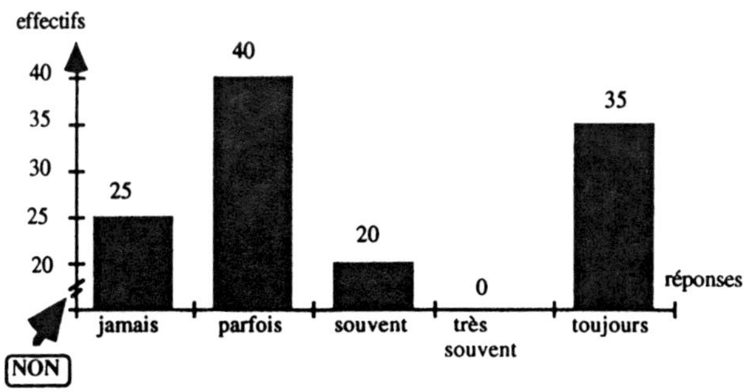

II - CAMEMBERTS

A - Les erreurs

Trois « erreurs » sont surtout à déplorer, qui entraînent des perceptions fausses par rapport aux données chiffrées.

- On « sort » une part du gâteau !
- Le disque plat se transforme en « camembert » ovoïde, le cercle devient ellipse et les règles de partage ne sont plus respectées puisque les parts sont plus ou moins longues suivant l'endroit où elles se situent.
- Si le camembert s'épaissit, les illusions augmentent encore.

B - Exemple 1

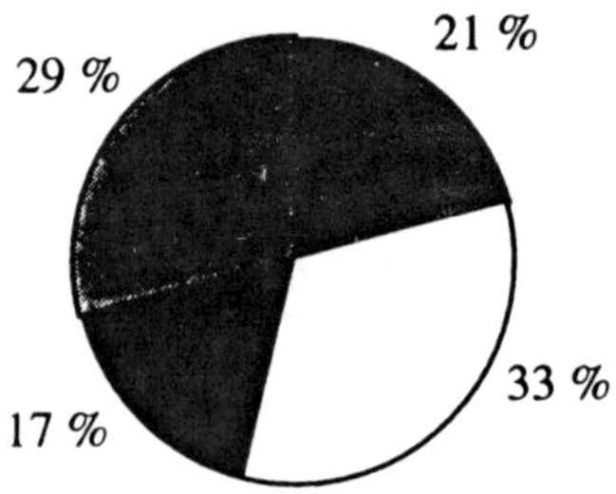

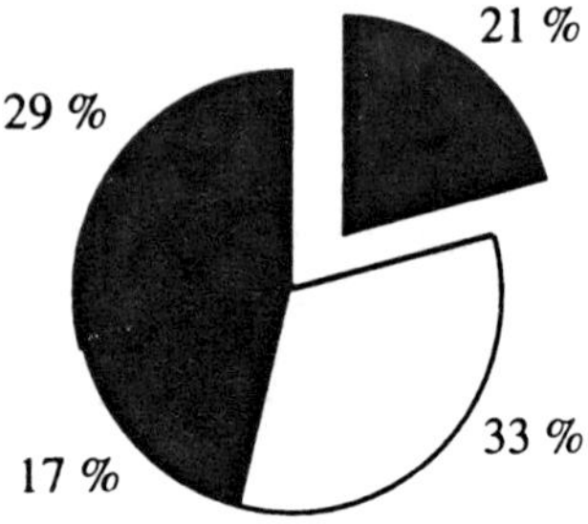

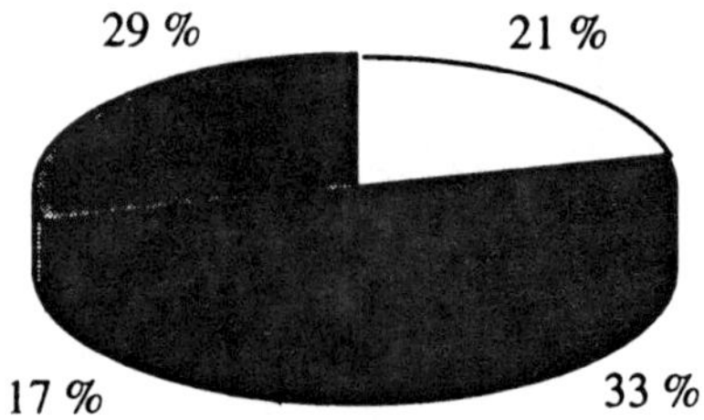

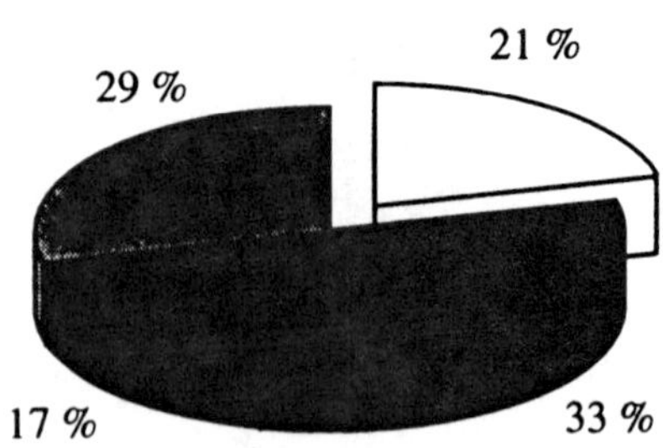

C - Exemple 2

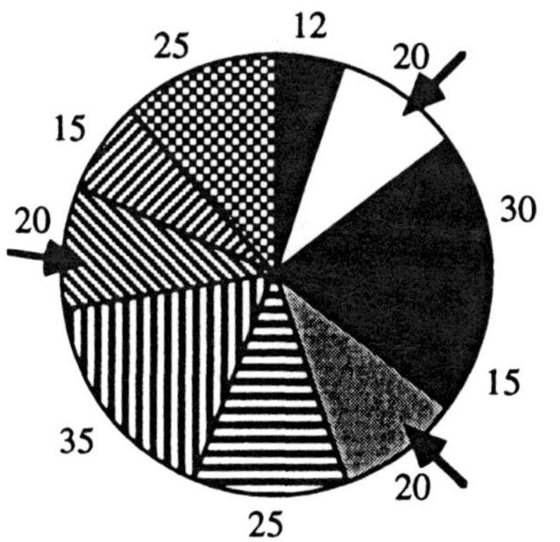

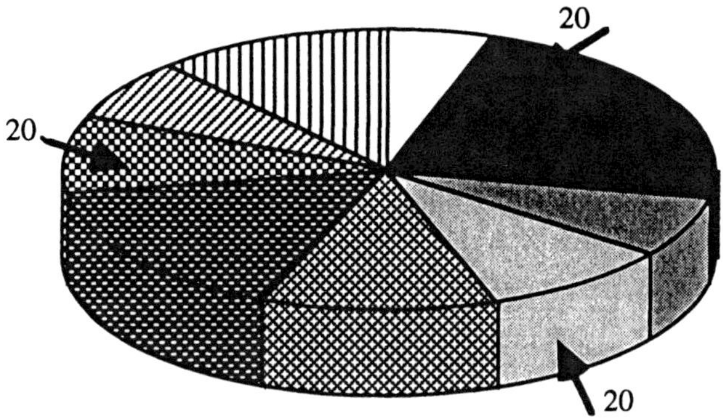

D - Exemple 3

Les deux graphiques suivants montrent comment il suffit de faire « tourner » le camembert pour que les mêmes données changent d'aspect : le même effectif de 147 semble nettement plus important dans la présentation de droite.

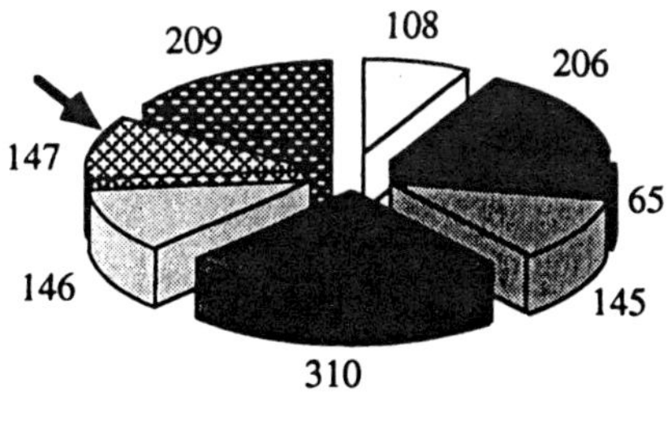

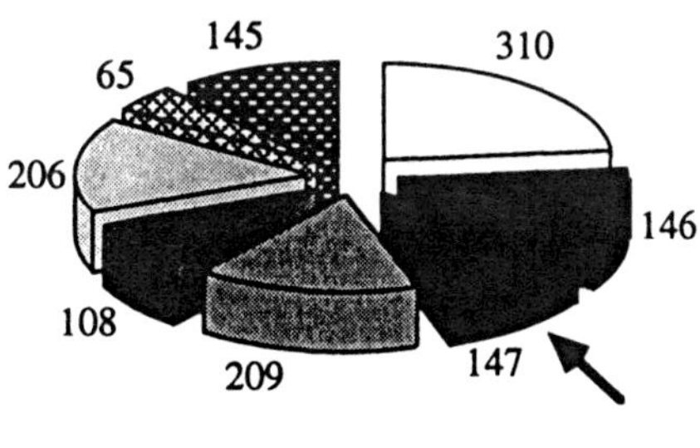

FICHE 15 COMPARER GRAPHIQUEMENT PLUSIEURS DISTRIBUTIONS

Lorsque l'on veut mettre en évidence la différence de distribution de deux ou plusieurs groupes de sujets vis-à-vis d'une même variable, on peut visualiser cette différence en faisant un graphique commun pour les groupes.

I - MISE EN GARDE

Attention : une représentation conjointe n'est pertinente que si les effectifs totaux sont égaux. Si tel n'est pas le cas, on fera figurer non pas les effectifs, mais les fréquences ou les pourcentages.

II - PREMIÈRE MÉTHODE

C'est l'histogramme qui est souvent préféré lorsque les modalités ne sont pas trop nombreuses et/ou lorsque la variable est mesurée sur une échelle nominale ou en classes ordonnées ; pour chaque modalité, on fait figurer côte à côte les barres de chaque groupe.

Les rectangles sont remplis avec des couleurs ou des trames différentes, chaque trame correspondant à un groupe.

III - AUTRES MÉTHODES

Une autre méthode consiste à superposer les rectangles, ce qui a l'avantage de montrer en même temps la distribution d'effectifs de l'ensemble des deux groupes.

On peut aussi tracer l'histogramme d'un groupe selon la méthode habituelle et celui de l'autre groupe en dessous de l'axe horizontal. On peut également préférer faire figurer les deux distributions de part et d'autre d'un axe vertical sur lequel figurent les modalités. C'est la présentation habituellement choisie pour la distribution des tranches d'âge selon que les sujets sont féminins ou masculins ; on parle souvent de « pyramide des âges ».

IV - APPLICATION

120 hommes et 120 femmes ont répondu à une même question

	jamais	parfois	souvent	très souvent	toujours	TOTAL
hommes	25	40	20	0	35	120
femmes	0	15	15	50	40	120

A - Première méthode

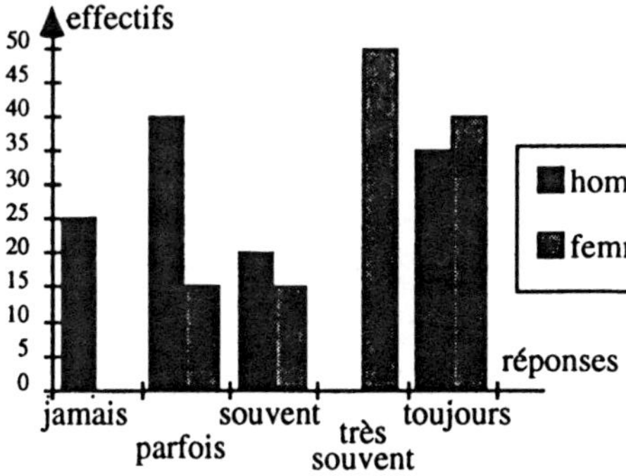

B - Deuxième méthode

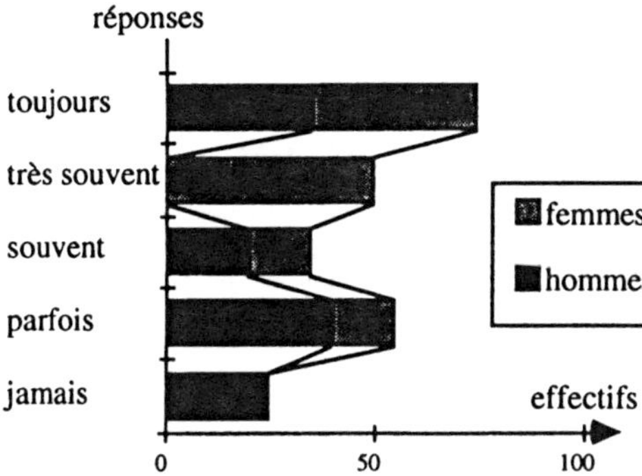

Ces graphiques permettent de voir que les femmes ont répondu « très souvent » et « toujours » beaucoup plus fréquemment que les hommes.

V - ON PEUT AUSSI...

Lorsque la variable est mesurée sur une échelle au moins ordinale, on peut aussi établir un polygone d'effectifs (de fréquences ou de pourcentages) pour chaque groupe

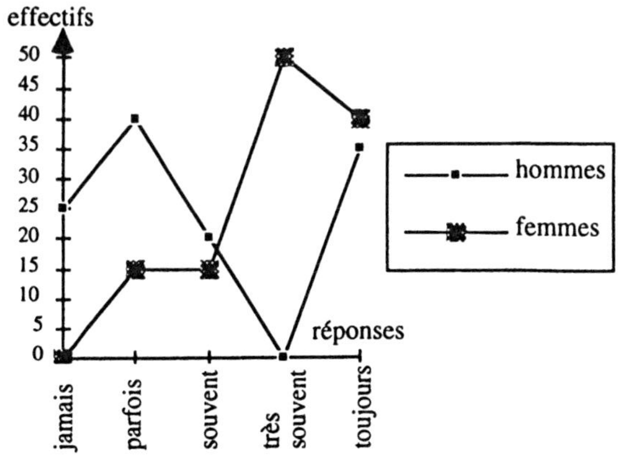

Chapitre 5

Représentations numériques

Le terme « représentation » se réfère souvent exclusivement au domaine visuel ; mais pris en un sens étymologique, la représentation est l'action de mettre devant l'esprit, de rendre sensible l'absent par du présent qui le remplace. Dans cette acception, tout procédé qui consiste à substituer aux données brutes une autre forme relève bien du même processus, que la forme choisie soit graphique ou numérique. Comme nous l'avons déjà souligné, la représentation graphique ne peut remplacer des données numériques que parce qu'elle s'appuie implicitement sur des connaissances arithmétiques.

Plutôt que d'employer des graphiques comme substituts aux distributions d'effectifs, il peut sembler utile de remplacer une série importante de mesures par seulement quelques nombres qui en seraient un résumé économique. Encore faut-il réfléchir au but véritable que l'on a avant de se lancer dans une telle opération, à la pertinence de remplacer par quelques indices l'ensemble d'une distribution. Si l'on veut faire un meuble en bois nécessitant 20 planches de diverses longueurs, il est peu judicieux d'établir une longueur « moyenne » et d'acheter 20 planches ayant chacune cette dimension.

Trois informations peuvent se révéler utiles lorsque l'on veut résumer numériquement une distribution :

- nombre d'unités statistiques
- indice de position ou de centralité
- indice de dispersion

FICHE 16

LES DIFFÉRENTS TYPES D'INDICES

I - INDICES DE POSITION, DE CENTRALITÉ, DE TENDANCE CENTRALE

Dans un premier temps, il peut sembler utile et/ou pertinent de remplacer une série de mesures faites pour une même variable sur un nombre important d'unités statistiques par une valeur unique, une valeur « typique ».

Cette valeur unique, pour peu qu'elle soit un bon représentant de l'ensemble de départ, peut également permettre des comparaisons : il est difficile de comparer par exemple les performances en mathématiques de deux classes différentes ; à l'inverse, si l'on peut dégager deux indices résumant chacun la performance d'une classe, la comparaison devient aisée.

L'indice le plus utilisé, censé représenter le mieux ou le moins mal, l'ensemble d'une distribution est appelé *« indice de position »*, *« indice de centralité »* ou *« indice de tendance centrale »*. Cette dernière terminologie pourrait introduire l'idée d'une dynamique, d'une orientation ou d'une direction de la distribution ; nous lui préférons donc l'expression « indice de position » qui nous semble être plus strictement descriptive.

II - INDICES DE DISPERSION

Il est rare que toutes les observations d'une série soient concentrées sur un indice de position. Cela voudrait dire qu'il n'y a qu'une seule modalité effectivement prise et que toutes les unités statistiques s'y regroupent. Ce n'est généralement pas le cas ; la variabilité des observations en sciences humaines est plutôt la règle que l'exception. Dans cette mesure, résumer une distribution uniquement par un indice de position ne renseigne que partiellement. Des distributions très différentes peuvent avoir un même indice de position.

Savoir par exemple que la température moyenne d'un pays est de 21° n'est pas une information suffisante pour décider si l'on souhaiterait y vivre ni quels vêtements emporter si l'on s'y rend au mois de février. Une information importante concerne le plus ou moins grand étalement de la distribution autour de l'indice de position ; il faut donc un indice qui permette de se représenter les écarts existant entre des observations différentes : on parle alors d'indices de dispersion.

FICHE 17

POSITION : LE MODE OU DOMINANTE

I - DÉFINITION

C'est la modalité la plus fréquente de la distribution (la valeur ou la classe la plus fréquente), celle que l'on rencontre le plus souvent, où se concentrent le maximum d'observations.
On l'appelle aussi « dominante ».
C'est l'âge le plus habituel pour faire son service militaire, la taille de pantalon la plus vendue, etc.
Dans le cas d'échelles nominales, le mode (ou les modes) est le seul indice de position que l'on puisse utiliser.

II - DÉTERMINATION

Pour déterminer le mode des observations relevées sur une variable, on commence par établir le tri à plat de cette distribution (cf. fiche 10).
Sur un graphique, c'est la modalité correspondant au bâton le plus élevé, à la colonne d'étoiles la plus haute, au rectangle le plus haut, au secteur le plus important.

III - APPLICATION 1

Soit la distribution d'effectifs suivante. Le mode correspond à la modalité « parfois ». C'est la réponse la plus fréquemment donnée par les sujets interrogés.

	jamais	parfois	souvent	très souvent	toujours	TOTAL
effectifs	25	40	20	0	35	120

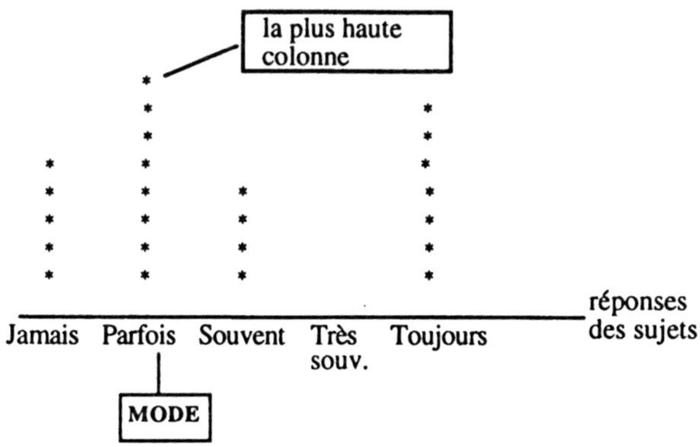

Il est souvent intéressant, lorsqu'on indique à quelle modalité se trouve le mode, de préciser le pourcentage d'observations qui s'y regroupent. On dira par exemple que la réponse la plus fréquente à la question a été « parfois » et qu'elle a été donnée par 33 % des sujets.

IV- DISTRIBUTIONS MULTIMODALES

Dans certains cas, la distribution sera mieux représentée si l'on indique deux ou plusieurs modes : on parle de distribution bi-modale ou multi-modale.

Soit la distribution suivante :

	jamais	parfois	souvent	très souvent	toujours	TOTAL
effectifs	15	40	15	15	35	120

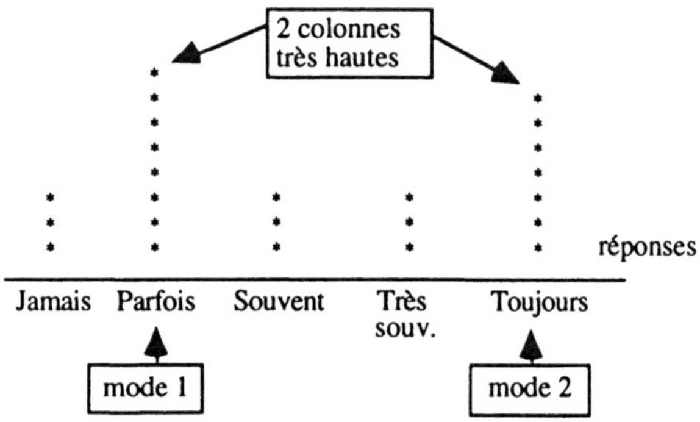

Cette distribution possède 2 pics distincts et sera mieux décrite en disant qu'elle possède 2 modes, l'un pour la réponse « parfois », l'autre pour la réponse « toujours », même s'il n'y a pas exactement le même effectif pour ces 2 modalités.

V - DISTRIBUTIONS AMODALES

S'il y a le même effectif pour chaque modalité, on ne peut distinguer de mode. La distribution sera dite « amodale » ou plate.

VI - REMARQUE

Si l'on a fait un regroupement par classes, le mode dépend du regroupement choisi.

Soit par exemple le tri à plat suivant établi sur la variable âge.

classes	20-24	25-29	30-34	35-39	40-44	45-49
effectifs	20	40	60	50	30	20

▲ mode (30-34)

C'est la classe 30 - 34 ans qui est la classe modale.

On sait par ailleurs que 45 sujets ont 30 ou 31 ans.

Si les classes avaient été établies de la manière suivante :

20 - 25 ; 26 - 31 ; 32 - 37 ; 38 - 43 ; 44 - 49 ;

les 45 sujets ayant 30 ou 31 ans auraient rejoint la classe 26 - 31 ans qui serait sans doute devenue la classe modale.

FICHE 18

POSITION : LA MÉDIANE

I - DÉFINITION

Dans une distribution dont les modalités ont été rangées de manière croissante ou décroissante, la médiane est la modalité qui partage l'ensemble des observations classées en deux moitiés d'effectifs égaux, contenant donc chacune 50 % des observations (unités statistiques).

On doit avoir une échelle au moins ordinale.

Le sujet (unité statistique) dont l'observation correspond à la médiane est souvent appelé « sujet médian ».

II - CALCUL

Pour trouver la médiane d'un ensemble d'observations,

—> on range les observations en ordre croissant ;

—> on cherche celle qui a autant d'observations avant elle qu'après elle ;

—> la médiane est la modalité correspondante.

A - Nombre impair d'observations

Si on a un nombre impair d'observations, la médiane est la modalité de l'observation qui a le rang (n + 1)/2, n étant le nombre total d'observations : s'il y a 75 observations, la médiane sera la modalité prise par la 38ᵉ observation, ou bien la classe dans laquelle se trouve cette observation.

B - Nombre pair d'observations

Si on a un nombre pair d'observations, on a un sujet médian fictif auquel ne correspond pas nécessairement une modalité réellement prise par une observation : par exemple, s'il y a 74 observations, la médiane sera la modalité d'une observation qui serait située entre la 37ᵉ et la 38ᵉ observation, ou bien la classe dans laquelle se situerait cette observation fictive. Si ces deux observations ne sont pas à la même modalité (l'une a par exemple 8 et l'autre a 9), la médiane est une « zone médiane », un intervalle médian. Toute valeur comprise entre 8 et 9 convient (8,5 par exemple). Certains auteurs préfèrent prendre la modalité de l'observation qui suit juste celle du sujet médian.

III - APPLICATION

Soit la distribution suivante des notes de Français obtenues par 40 élèves 0,2,20,18,3,5,6,15,19,6,9,10,13,8,14,12,2,0,19,5,5,9,10,13,8,0,2,20,14,12,18,3,5, 6,2,0,15,19,6,19.

On classe ces notes par ordre croissant :
0,0,0,0,2,2,2,2,3,3,5,5,5,5,6,6,6,6,8,8,9,9,10,10,12,12,13,13,14,14,15,15,18,18,19, 19,19,19,20,20.

On fait le tri à plat :

note	0	1	2	3	4	5	6	7	8	9	10	11	12	13	14	15	16	17	18	19	20
effec.	4	0	4	2	0	4	4	0	2	2	2	0	2	2	2	2	0	0	2	4	2
effec. cumul. crois.	4	4	8	10	10	14	18	18	20	22	24	24	26	28	30	32	32	32	34	38	40

20 observations 20 élèves | médiane = 8.5 | 20 observations 20 élèves

Puisqu'il y a 40 unités statistiques, il faut faire 2 paquets de 20. La médiane est la modalité correspondant à une observation fictive qui serait située entre celles du 20e et du 21e élève.

Elle se trouve donc entre les notes 8 et 9, soit par exemple à 8,5. La moitié des élèves n'a pas obtenu 9, ou un élève sur deux a obtenu au moins 9.

IV - CONSEILS

La médiane doit être comprise comme une coupure, un coup de ciseaux donné dans une distribution d'effectifs afin de constituer 2 paquets égaux, permettant de décrire la distribution sous la forme : « un sujet sur 2 a obtenu une note inférieure à…, ou inférieure ou égale à… ».

Il est rare que la médiane « tombe juste ». Le plus souvent, l'observation médiane se trouve à une modalité (ou dans une classe) qui comporte d'autres observations.

Supposons par exemple que nous ayons les notes de 101 sujets classées de 0 à 20 ; la note médiane est celle du 51e sujet (50 avant/50 après) ; supposons toujours qu'elle se situe à la modalité 8 qui rassemble du 38e au 52e sujet ; mieux vaut dans ce cas indiquer 8,5 comme valeur médiane plutôt que 8. Cette information « fausse » donne en fait une meilleure image de la distribution (la moitié des élèves a moins de 8,5) que la valeur « vraie » (qui peut laisser penser que la moitié des élèves a moins de 8). Il faut se permettre quelques « privautés » en ayant bien à l'esprit l'information que l'on veut transmettre et mieux vaut parfois indiquer une médiane « fausse ».

V - LA MÉDIANE PAR INTERPOLATION LINÉAIRE

Certains manuels proposent des calculs afin de déterminer avec précision la valeur numérique de la médiane, lorsque les observations sont regroupées par classes ou lorsque la médiane « ne tombe pas juste ». Ces calculs reposent sur une interpolation linéaire et postulent que les observations contenues dans la modalité ou dans la classe où se situe la médiane se partagent également l'intervalle de cette classe (tous les points de cette classe).

A - LES MODALITÉS SONT DES CLASSES

Si les classes proviennent d'un regroupement opéré sur une distribution de départ dont on possède le détail, alors le calcul de la médiane doit se faire sur la distribution de départ.

Toutes les classes doivent avoir la même amplitude.

1. Calculs

On commence par déterminer le rang du sujet médian et dans quelle classe il se trouve. Cette classe est la « classe médiane ». Soit :

- S_m le rang du sujet médian
- E_i le nombre d'observations situées avant la classe médiane
- L_{inf} la limite inférieure de la classe médiane
- n_i le nombre d'observations contenues dans la classe médiane
- a l'amplitude de chaque classe.

$$\text{Médiane} = L_{inf} + (S_m - E_{inf})*(a/n_i)$$

2. Application

Soit la consommation quotidienne de pain de 500 familles (une famille peut être constituée d'une seule personne). Après avoir établi des classes de 200 grammes, on a établi le tri à plat suivant :

consommation	<200	200-399	400-599	600-799	800-999	1000-1199	>1199
effectifs	20	50	100	150	80	60	40
effectifs cumulés croissants	20	70	170	320	400	460	500

Nous avons au total 500 unités statistiques (500 familles) ; la médiane est donc la consommation correspondant à la famille qui serait classée au rang 250 (500/2 ; $S_m = 250$). Elle se trouve dans la classe 600-799 ($L_{inf} = 600$) qui comporte 150 familles ($n_i = 150$), et 170 familles sont classées dans une classe inférieure ($E_{inf} = 170$).

Chaque classe a une amplitude de 200 grammes (a = 200). On postule alors que les $n_i = 150$ familles de la classe médiane se partagent équitablement les 200 grammes de cette classe ; chacune d'elles prend donc 1,333 grammes (200/150).

La famille médiane étant la 250ᵉ, c'est la 80ᵉ (250-170) de cette classe ($S_m - E_{inf} = 170$).

Ces 80 familles prennent alors 80*1,333 = 106,64.

On peut donc considérer que la médiane est 600 + 106,64 = 707 grammes de pain. Une famille sur deux consomme moins de 707 grammes de pain par jour.

B - Les modalités sont des valeurs numériques

Lorsque les modalités sont des valeurs numériques et non des classes, mieux vaut ne pas faire d'interpolation et se contenter de fixer la médiane à une modalité ou entre deux modalités (sans plus de précision). Si l'on veut néanmoins opérer une interpolation, il faut considérer que la valeur de chaque modalité est la valeur centrale d'une classe dont l'étendue serait égale à l'intervalle entre deux modalités successives : par exemple, des notes rondes de 0 à 10 sont assimilées aux valeurs centrales de classes continues d'étendue 1 ; la modalité « 8 » devient classe « 7,5 - 8,5 », etc.

Le postulat de répartition équivalente de l'intervalle entre les observations d'une même classe peut sembler démesuré par rapport à la « rusticité » de l'indice qu'est la médiane. Une méthode artisanale de calcul ou de comptage, aboutissant à un indice même peu précis, peut paraître suffisante chaque fois que la valeur attribuée à la médiane n'est pas utilisée pour des calculs ultérieurs.

VI - La médiane : propriétés et remarques

■ La médiane dépend plus du rang, de la place d'une observation dans une distribution que de sa valeur.

■ La médiane est indépendante des valeurs extrêmes. Si l'on s'intéresse par exemple à la médiane de la distribution des salaires en France, cette médiane sera indépendante du relèvement du SMIG et également indépendante du salaire perçu par telle présentatrice du journal télévisé, puisqu'elle perçoit un salaire qui est, de toute manière, très supérieur à la médiane. Que ce salaire soit alors multiplié par 2, 3 ou 100 ne change rien à cette médiane.

■ La médiane permet de formuler un résumé de distribution du type : « une personne sur deux gagne moins de tant... », « un élève sur deux a obtenu une note supérieure à... », « la moitié des salariés de l'usine x... gagne plus de... ».

■ Si l'on établit pour chaque unité statistique d'une distribution sa distance par rapport à la médiane de cette distribution (distance = différence en valeur absolue), la somme de toutes ces distances est plus petite que la somme que l'on obtiendrait si l'on remplaçait la valeur de la médiane par n'importe quelle autre valeur (la moyenne entre autres).

$$\sum|x\text{-moyenne}|^2 \leq \sum|x-a|^2 \text{ quel que soit } a.$$

FICHE 19 POSITION : LA MOYENNE ARITHMÉTIQUE

I - DÉFINITION

La moyenne arithmétique est l'indice de position le plus souvent utilisé lorsque l'on a mesuré une variable sur une ***échelle numérique***, ou que l'on considère comme telle (numérique = qui possède la propriété des nombres).

C'est la modalité qui serait commune à toutes les observations si, à total équivalent, toutes les unités statistiques avaient été classées dans la même modalité.

Soit par exemple l'ensemble des salaires versés aux salariés d'une entreprise ; la moyenne arithmétique des salaires est le salaire que chaque salarié recevrait si le « stock » (la masse salariale) était réparti également entre tous les salariés. Si vous êtes allés à quatre personnes au restaurant, l'addition indique « le total à payer » ; ou bien chacun paie ce qu'il a mangé, ou bien vous pouvez décider d'une répartition égale des dépenses : la moyenne arithmétique permet alors de fixer la quote-part de chacun. Dans les deux cas, le garçon encaissera la même somme.

II - DONNÉES SIMPLES

A - Calculs

Pour calculer la moyenne arithmétique d'un ensemble d'observations :

— > on fait la somme des modalités prises par chaque observation

— > on divise le résultat obtenu par le nombre d'observations.

$$\text{moyenne} = \frac{\text{somme des observations}}{\text{nombre des observations}} = \frac{\sum x}{n}$$

$\sum x$ = > on fait la somme de toutes les observations recueillies pour la variable x..

B - Application

Soient les notes suivantes obtenues par 8 élèves :

1,2,2,5,7,7,10,12.

Nous avons 8 observations : n = 8.

$$\text{moyenne} = \frac{1+2+2+5+7+7+10+12}{8} = \frac{46}{8} = 5.75 \text{ ou } 5{,}75.$$

Si les 8 élèves avaient eu la même note, le nombre de « points » à distribuer étant le même (46), ils auraient eu 5,75 points et nous pouvons vérifier que nous avons bien 5,75 * 8 = 46.

III - DONNÉES GROUPÉES

A - Calculs

Lorsque plusieurs unités statistiques correspondent à une même modalité (données groupées), on peut simplifier le calcul :

$$\text{moyenne} = \frac{\Sigma\,(x_i n_i)}{n} = \frac{\Sigma\,(\text{modalité x effectif})}{\text{nombre d'observations}} = \frac{1}{n}\sum (x_i n_i)$$

B - Application

notes	0	1	2	3	4	5	6	7	8	9	10	
effectifs	12	20	30	15	0	20	25	35	20	15	25	217

$$\text{moyenne} = \frac{0*12+1*20+2*30+3*15+....+10*25}{217} = 5.37$$

IV - VARIABLE EN CLASSES

Rappelons que si l'on a les résultats bruts (avant regroupement en classes), il est préférable d'établir la moyenne sur ces valeurs brutes.
La moyenne ne peut se calculer que si ***les classes sont de même amplitude***.

A - Calculs

On attribue à chaque observation la valeur centrale de sa classe.

$$\text{moyenne} = \frac{\Sigma(\text{valeur centrale de la classe x effectif})}{\text{nombre total d' observations}}$$

B - Application

Reprenons l'exemple de la consommation de pain de 500 familles répartie dans des classes de 200 grammes.

consommation	<200	200-399	400-599	600-799	800-999	1000-1199	>1199
effectifs	20	50	100	150	80	60	40
effectifs cumulés croissants	20	70	170	320	400	460	500

Toutes les classes n'ont pas la même amplitude : les classes extrêmes ne sont pas bornées. On doit donc considérer que la première classe a « 0 » pour limite inférieure (ce qui est vraisemblable si l'on imagine un célibataire ne mangeant pas de pain) et que la dernière classe a « 1399 » comme limite supérieure (ce qui est moins vraisemblable : certaines familles très nombreuses pouvant avoir une consommation supérieure).

Dans ces conditions, l'amplitude est la même (200 grammes) et les classes ont pour valeurs centrales : 100, 300, 500, etc.

$$\text{moyenne} = \frac{100*20+300*50+400*100+............+1300*40}{500} = 724$$

La consommation moyenne est donc de 724 grammes par famille.

V - LA MOYENNE : PROPRIÉTÉS ET REMARQUES

■ La moyenne arithmétique est très sensible aux valeurs extrêmes.

■ Si l'on établit, pour chaque unité statistique, le carré de son écart à la moyenne, la somme de ces carrés est inférieure à celle que l'on obtiendrait si l'on remplaçait la valeur numérique de la moyenne par n'importe quelle autre valeur.

$$\sum|x\text{-moyenne}|^2 \leq \sum|x\text{-a}|^2 \text{ quel que soit a.}$$

■ Si l'on établit, pour chaque unité statistique, son écart à la moyenne, la somme de ces écarts est nulle.

$$\sum(x\text{-moyenne}) = 0$$

■ ***La moyenne est le centre de gravité d'une distribution numérique***

Reprenons le principe du diagramme en étoiles de la fiche 12 et imaginons que la ligne horizontale soit une planche de bois ; remplaçons chaque étoile par un pion comme ceux utilisés dans le jeu de dames ; tous les pions sont posés sur la planche et ont la même masse ; la moyenne de la distribution représente l'emplacement de la planche où il conviendrait de mettre un socle si l'on voulait que la planche reste horizontale. La moyenne constitue donc le point d'équilibre du système, c'est-à-dire son centre de gravité.

Exemple

notes	0	1	2	3	4	5	6	7	8	9	10	
effectifs	12	20	30	15	0	20	25	35	20	15	25	217

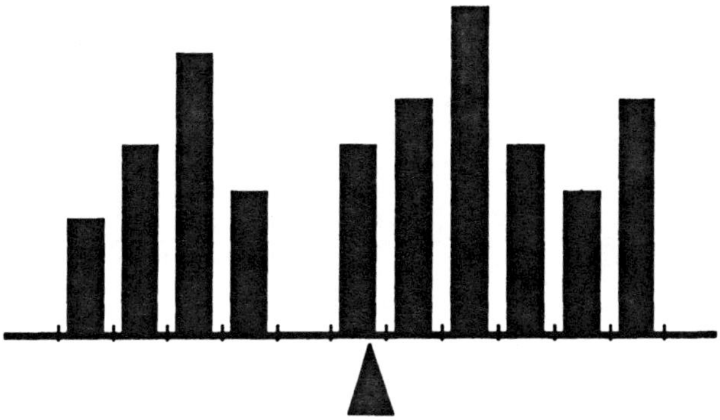

■ Si on ajoute (ou si l'on retranche) une constante à chaque valeur d'une distribution, la nouvelle moyenne est égale à l'ancienne moyenne plus (ou moins) cette constante.

■ Si l'on multiplie chaque valeur d'une distribution par une constante, la nouvelle moyenne est égale à l'ancienne moyenne multipliée par cette constante.

VI - AUTRES MOYENNES

On utilise parfois d'autres moyennes (rarement en psychologie)

■ la moyenne quadratique

$$Q = \sqrt{\Sigma x^2 / n}$$

(racine carrée de la moyenne arithmétique des carrés des n valeurs).

■ la moyenne géométrique

$$G = \sqrt[n]{x_1 * x_2 * x_3 * \ldots\ldots. * x_n}$$

(racine nième du produit de n valeurs).

■ la moyenne harmonique

$$H = \frac{n}{\sum (1 / x)} \qquad \frac{1}{H} = \frac{\sum (1 / x)}{n}$$

APPLICATION

Soit la distribution suivante : 1, 2, 2, 5, 7, 7, 10, 12

On a :

$$\text{moyenne arithmétique} = (1 + 2 + 2 + 5 + 7 + 7 + 10 + 12) / 8 = 5,75$$

$$\text{moyenne quadratique} = \sqrt{\frac{1 + 4 + 4 + 25 + 49 + 49 + 100 + 144}{8}} = 6,86$$

$$\text{moyenne géométrique} = \sqrt[8]{1 * 2 * 2 * 5 * 7 * 7 * 10 * 12} = 4,30$$

$$\text{moyenne harmonique} = \frac{8}{1 + 1/2 + 1/2 + 1/5 + 1/7 + 1/7 + 1/10 + 1/12} = 2,99$$

FICHE 20 DISPERSION : INTERVALLE DE VARIATION, INDICE DE DIVERSITÉ

I - L'INTERVALLE DE VARIATION

A - Définition

Il s'agit de l'étendue de la distribution, soit la différence ou l'écart entre la plus grande et la plus petite modalité observées. Il faut donc que l'échelle utilisée soit une échelle numérique.

B- Calcul

Intervalle de variation = Étendue = $x_{max} - x_{min}$

C - Application

Soient les notes suivantes obtenues par 8 élèves :

1, 2, 2, 5, 7, 7, 10, 12.

Nous avons 8 observations : n = 8.

L'étendue est égale à :

Étendue = 12 (note la plus forte) - 1 (note la moins forte) = 11.

D - Remarques

- Cet indice est très sensible aux observations extrêmes, et n'offre donc qu'un intérêt descriptif limité.

Imaginons que, dans l'application précédente, la note la plus forte soit 19 au lieu de 12, l'étendue passerait à 18.

- À l'inverse, cet indice est très utile lorsque l'on travaille sur logiciel informatique ; il permet en effet de détecter certaines erreurs de saisie de données. Pour des notes dont les modalités possibles s'étendent de 0 à 20, trouver un intervalle de variation supérieur à 20 est impossible. Si l'on a tapé « 70 » au lieu de « 07 », cette erreur qui influencerait beaucoup les calculs ultérieurs est ainsi détectée.

II - L'INDICE DE DIVERSITÉ

A - DÉFINITION

L'indice de diversité permet d'estimer la probabilité que deux observations prises au hasard dans les données appartiennent à deux modalités différentes.

Cet indice est surtout utile lorsqu'on est en présence d'une échelle nominale.

B - CALCULS

D = 1 - Σ(effectif de chaque modalité/effectif total) ^{2}.

= 1 - Σ(fréquences) ^{2}

Indice de diversité = D = $1 - \Sigma(n/N)^2 = 1 - \Sigma n^2/N^2$ avec n = effectif d'une modalité ; N = effectif total.

C - APPLICATION

Soit le tri à plat suivant indiquant la répartition de l'âge pour 220 personnes :

classes	20-24	25-29	30-34	35-39	40-44	45-49	Total
effectifs	20	40	60	50	30	20	220

$D = 1 - (20^2 + 40^2 + \ldots + 20^2)/220^2 = 1\text{-}0{,}194 = 0{,}806$

Il y a 81 chances sur 100 pour que deux personnes prises au hasard dans ce lot de 220 personnes appartiennent à des catégories d'âge différentes ce qui représente une assez bonne diversité des âges.

D - REMARQUES ET CARACTÉRISTIQUES

- La valeur trouvée pour D dépend du nombre de modalités possibles pour la variable considérée. Dans l'application 2, si l'on regroupe les âges de manière différente, D va varier.

- DIVERSITÉ NULLE

*Si toutes les unités statistiques sont classées dans la même catégorie, c'est-à-dire si la diversité est nulle, nous avons :

$D = 1 - N^2/N^2 = 0$ (la probabilité est nulle)

■ DIVERSITÉ MAXIMUM

Si l'on a une répartition équivalente des N unités statistiques dans les k modalités, c'est-à-dire si la diversité est maximum, on a

$Dmax = 1 - k\,(N/k)^2/N^2 = 1 - 1/k = (k-1)/k$

Pour l'application nous avons 6 modalités, le D maximum que l'on puisse obtenir est donc : Dmax = (6-1)/6 = 0,83. L'indice obtenu sur la distribution d'origine n'était pas très inférieur.

E - Comparer deux distributions

Pour comparer la diversité de distributions qui ne comportent pas le même nombre de modalités, on peut former l'indice D* :

$$D^* = \frac{D}{Dmax} = \frac{k\,(N^2 - \Sigma n^2)}{N^2\,(k-1)}$$

FICHE 21

DISPERSION : LES QUANTILES

De même que la médiane coupait une distribution ordonnée en deux parties égales, on peut déterminer n modalités Q1, Q2,..,Qn, qui découpent la distribution en n + 1 tranches égales, chaque tranche comprenant le même pourcentage d'observations. Ces n modalités sont appelées quantiles et elles délimitent n + 1 « interquantiles ».

I - LES QUARTILES

A - DÉTERMINATION

Le plus habituel est de découper une distribution en 4 paquets égaux, contenant donc chacun 25 % des observations. Les quantiles se nomment alors « quartiles ».

Le deuxième quartile Q2 correspond à la médiane.

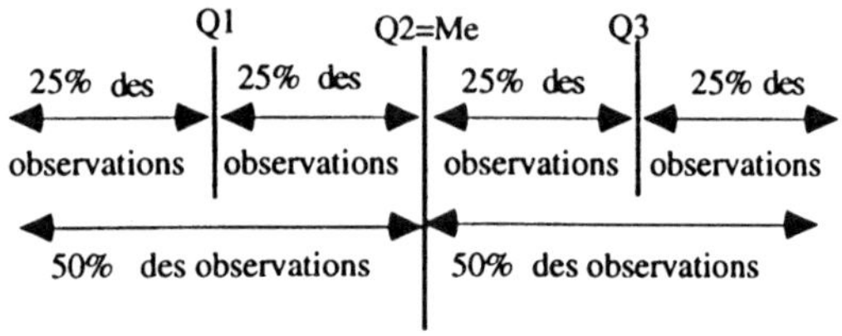

3 quartiles pour 4 paquets ! Souvenirs de l'école primaire : des arbres plantés autour d'une cour de récréation ou le long d'une départementale… Si nous voulons couper un ruban en 4 portions, nous avons besoin seulement de 3 coups de ciseaux ; pour couper un tasseau en 4, 3 coups de scie suffisent.

Pour la distribution des salaires, par exemple, le premier quartile est le salaire tel que 25 % des sujets ont moins et 75 % ont plus. La médiane est le salaire tel que 50 % des sujets ont moins et 50 % ont plus. Le troisième quartile est le salaire tel que 75 % des salariés gagnent moins et 25 % gagnent plus. On pourra alors formuler que « 1 Français sur 4 gagne moins que… » ou bien que « 3 élèves sur 4 ont obtenu une note supérieure à… ».

B - L'ÉCART INTER-QUARTILE

On peut calculer un écart inter-quartile qui comprend la moitié des observations qui se trouvent au centre de la distribution.

Écart inter-quartile = E.I.Q. = Q3 - Q1.

C - L'écart semi-quartile

On l'appelle aussi « déviation quartile ».

Écart semi-quartile = (Q3 - Q1)/2.

D - Application 1

Soit le tri à plat des notes obtenues par 48 sujets à une épreuve d'anglais. Nous désirons établir 4 groupes de niveau comportant chacun le même nombre d'élèves :

note	0	1	2	3	4	5	6	7	8	9	10	11	12	13	14	15
effec.	2	5	2	2	0	0	1	10	0	1	9	4	6	4	0	2
cumul	2	7	9	11	11	11	12	22	22	23	32	36	42	46	46	48

observ. réelles	n1 = 12	n2 = 11	n3 = 13	n4 = 12
observ. attendues	n'1 = 12	n'2 = 12	n'3 = 12	n'4 = 12

Q1 = 6.5 Q2 = 9.5 Q3 = 11.5

E.I.Q. = 5

Puisqu'il y a 48 élèves, les quartiles sont les notes qui délimitent 4 paquets de 12 élèves (48/4) ce qui correspond au problème posé..

Le premier quartile est la note située entre la 12e et la 13e observation, c'est-à-dire entre 6 et 7, soit 6,5. Le deuxième quartile (ou médiane) correspond à la note 10 qui regroupe 9 sujets. Comment décider quel élève sera dans ce deuxième paquet ? Mieux vaut fixer la coupure à 9.5. Le troisième quartile correspond à la note 11 qui regroupe 4 sujets. Mieux vaut fixer la coupure à 11.5.

Nous pouvons constater que les effectifs ainsi obtenus dans chaque groupe de niveau (12/11/13/12), s'ils ne correspondent pas parfaitement aux effectifs théoriques attendus (12/12/12/12), ne s'en éloignent que de peu, ce qui est loin d'être toujours le cas !

L'écart interquartile est donc 11,5 - 6,5 = 5. La moitié des observations du centre de la distribution se regroupe sur 5 points.

E - Application 2

Soit la distribution suivante :

note	0	1	2	3	4	5	6	7	8	9	10
effectif	6	11	19	23	16	11	9	0	4	1	0
eff. cum.	6	17	36	59	75	86	95	95	99	100	100

La médiane correspond à la 50,5[e] observation. Si on fixe la coupure entre 3 et 4, on a 59/41 au lieu de 50/50. Ceci n'est pas encore trop mauvais.

Le premier interquartile doit contenir 25 observations (100/4). Si on fixe la coupure entre 1 et 2, on aura seulement 17 sujets dans ce paquet, et 42 dans le second (19 + 23) au lieu des 25/25 attendus. Si on la fixe entre 2 et 3, on en aura 36/23 au lieu de 25/25, etc.

Les quartiles ne sont pas de bons indices pour cette distribution.

II - LES DÉCILES ET LES CENTILES

Il peut arriver que la dispersion réalisée par les quartiles soit jugée d'une précision insuffisante. On peut alors découper la distribution en un nombre plus élevé de « paquets », chaque paquet contenant 10 %, voire même 1 % des unités statistiques.

Un découpage en 10 classes – chaque classe comprenant 10 % des observations – se nomme décilage : on parle de ***déciles*** (il y en a 9) et d'***interdéciles*** (il y en a 10). Cette procédure ne présente un intérêt que si le nombre d'unités statistiques est important et l'intervalle de variation suffisamment étendu.

On utilise de plus en plus les déciles dans le domaine économique. Opéré sur la distribution des salaires par exemple, un décilage permet de déterminer le premier décile D1 (salaire en dessous duquel se situent les 10 % de titulaires des plus bas salaires) et le neuvième décile D9 (salaire minimum perçu par les 10 % les mieux payés). Le rapport D9/D1 est souvent utilisé pour décrire l'éventail des salaires et pour comparer des pays différents. Cet indice reflète la plus ou moins grande disparité des salaires.

On peut, de la même manière, couper la distribution en paquets de 1 % et obtenir ainsi un centilage. Le centilage est rarement utilisé, puisqu'il n'est pertinent que si l'échelle de mesure a plus de 100 modalités

III - QUANTILES CALCULÉS PAR INTERPOLATION LINÉAIRE

De même que l'on peut calculer une médiane interpolée, nous pouvons calculer des quartiles ou des déciles interpolés selon la même logique et le même postulat de partage équitable de l'intervalle d'une classe entre ses observations (se reporter à la fiche 18).

Que l'on choisisse une procédure artisanale ou sophistiquée pour la détermination des quantiles, il est toujours utile d'indiquer le nombre théorique d'observations que l'on devrait idéalement trouver dans chaque interquantile, ainsi que le nombre d'observations effectivement obtenu compte tenu de la plus ou moins grande difficulté que l'on a rencontrée pour faire le quantilage. Si la différence entre cet idéal et la réalité est trop importante, cela signifie qu'il vaut mieux renoncer à ces indices pour représenter la distribution. Ce problème se présente souvent lorsque l'intervalle de variation de la variable est étroit.

FICHE 22

DISPERSION : ÉCART MOYEN, VARIANCE, ÉCART-TYPE

I - L'ÉCART MOYEN

A - DÉFINITION

En présence d'une distribution numérique, l'indice de position le plus souvent utilisé est la moyenne arithmétique. Puisque le problème est de trouver un indice qui reflète la diversité des écarts des observations par rapport à la moyenne, on serait tenté de calculer, pour chaque observation, l'écart entre cette observation et la moyenne arithmétique $\bar{x}$ de la distribution, puis de faire la somme de ces écarts.

On obtient, par définition même de la moyenne, une valeur nulle, la somme des écarts positifs équilibrant la somme des écarts négatifs.

Pour pallier ce problème, on peut prendre en compte ces écarts comme des distances, c'est-à-dire indépendamment de leur signe, ce qui revient à prendre la valeur absolue de chaque écart.

La somme de ces valeurs absolues est non nulle ; on peut alors faire la moyenne de ces distances et former ce qu'on appelle l'écart moyen arithmétique :

$$\text{Ecart moyen arithmétique} = \frac{\sum |x - \bar{x}|}{n} = \frac{1}{n} \sum |x - \bar{x}|$$

B - APPLICATION

Soit la distribution suivante : 1, 2, 2, 5, 7, 7, 10, 12.
Sa moyenne est égale à 5.75

notes x	écarts à la moyenne x - $\bar{x}$	écarts à la moyenne en valeur absolue $\lvert x - \bar{x} \rvert$
1	1 - 5.75 = -4.75	4.75
2	2 - 5.75 = -3.75	3.75
2	2 - 5.75 = -3.75	3.75
5	5 - 5.75 = -0.75	0.75
7	7 - 5.75 = + 1.25	1.25
7	7 - 5.75 = + 1.25	1.25
10	10 - 5.75 = + 4.25	4.25
12	12 - 5.75 = + 6.25	6.25
	Σ des écarts = 0	Σ des écarts = 26 écart moyen = 3.25

En moyenne, les notes s'écartent de 3,25 points de la moyenne.

II - LA VARIANCE ET L'ÉCART-TYPE

A - DÉFINITION

L'indice de dispersion le plus utilisé consiste à prendre non pas la valeur absolue des écarts à la moyenne mais le carré de ces écarts.

L'indice ainsi formé s'appelle « ***variance*** » ou « ***carré moyen*** ». C'est l'indice de dispersion le plus souvent utilisé (pour des raisons qui tiennent aux particularités des distributions normales étudiées fiche 27).

$$\text{Variance ou carré moyen} = \sigma^2 = \frac{\sum (x-\bar{x})^2}{n} = \frac{1}{n}\sum (x-\bar{x})^2$$

On appelle « ***écart quadratique moyen*** » ou « ***écart-type*** » la racine carrée de la variance ; il s'agit d'une moyenne quadratique des écarts à la moyenne arithmétique :

$$\text{Écart - type} = \sigma = \sqrt{\frac{\sum (x-\bar{x})^2}{n}} = \sqrt{\frac{1}{n}\sum (x-\bar{x})^2}$$

B - CALCUL

- pour chaque observation, on calcule son écart à la moyenne $(x-\bar{x})$
- on élève au carré chacun de ces écarts $(x-\bar{x})^2$
- on fait la somme de ces carrés $\sum(x-\bar{x})^2$
- on divise cette somme par le nombre n d'observations
  ==> variance $\sum(x-\bar{x})^2/n$
- on extrait la racine carrée de la variance.
  ==> écart-type.

C - FORMULES PLUS RAPIDES

Ces calculs sont assez fastidieux, et lorsque la moyenne ne tombe pas «*juste* », l'erreur faite en l'arrondissant se retrouve (élevée au carré) pour chaque observation. On préfère donc utiliser d'autres formules de calcul, plus rapides et plus justes.

$$\text{Variance} = \sigma^2 = \frac{\sum(x-\bar{x})^2}{n} = \frac{\sum x^2}{n} - (\bar{x})^2 = \frac{\sum x^2 - (\sum x)^2 / n}{n}$$

La troisième formule de calcul de la variance doit être préférée car elle ne comporte pas d'arrondi au numérateur. La seule difficulté consiste à bien différencier $\sum x^2$ (somme des carrés) et $(\sum x)^2$ (carré de la somme).

D - APPLICATION 1

Soit la distribution : 1, 2, 2, 5, 7, 7, 10, 12. ($\bar{x}$ = 5.75)

notes x	(écarts à la moyenne) ^{2} $(x - \bar{x})^2$
1	$(1-5.75)^2 = -4.75^2 = 22.56$
2	$-3.75^2 = 14.06$
2	$-3.75^2 = 14.06$
5	$-0.75^2 = 0.56$
7	$1.25^2 = 1.56$
7	$1.25^2 = 1.56$
10	$4.25^2 = 18.06$
12	$6.25^2 = 39.06$
	Σ des carrés des écarts = 111.48 variance = 13.94 écart-type = 3.73

E - CALCULS SUR DONNÉES GROUPÉES

Sur des données groupées, la formule devient

$$\text{Écart - type} = \sqrt{\frac{\sum (X - \bar{x})^2 * n_i}{n}} = \sqrt{\frac{1}{n} \sum (X - \bar{x})^2 * n_i}$$

F - APPLICATION 2

Soit le tri à plat des notes obtenues par 48 sujets à une épreuve de français :

note	0	1	2	3	4	5	6	7	8	9	10	11	12	13	14	15
effec.	2	5	2	2	0	0	1	11	0	1	9	3	6	4	0	2

notes x	effec. n_i	$x*n_i$	(écarts à la moyenne) $^2 * n_i$ $(x - \bar{x})^2 * n_i$
0	2	0	$(0-8)^2 * 2 = 128$
1	5	5	$(1-8)^2 * 5 = 245$
2	2	4	72
3	2	6	50
4	0	0	0
5	0	0	0
6	1	6	4
7	11	77	11
8	0	0	0
9	1	9	1
10	9	90	36
11	3	33	27
12	6	72	96
13	4	52	100
14	0	0	0
15	2	30	98
		Σ(x*ni) =384 $\bar{x}$ = 8	Σ des carrés des écarts = 868 variance = 18.08 écart-type = 4.25

G - Conseils et remarques

- Après avoir calculé l'écart-type, vérifiez que le résultat :

- est positif (c'est une racine carrée).

- est vraisemblable : il doit être compris dans l'intervalle de variation de la variable.

- L'écart-type, contrairement aux quantiles, n'est pas une modalité de la variable numérique étudiée. C'est une distance par rapport à la moyenne.
- L'écart-type s'exprime dans la même unité que la variable. Par exemple, l'écart-type d'une série de tailles exprimées en centimètres s'exprime en centimètres.
- L'écart-type résume parfaitement la dispersion d'une distribution « normale » ou « gaussienne ». Sur le graphique, c'est la distance existant entre la moyenne et l'abscisse du point d'inflexion de la courbe (cf. fiche 28).

Dans ce cas, nous avons environ :

- 68 % des observations (ou 2/3) qui se situent dans un intervalle compris entre la moyenne moins un écart-type et la moyenne plus un écart-type.

- 95 % des observations qui sont comprises dans un intervalle de deux écart-types de chaque côté de la moyenne.

H - Variance corrigée

Quand il s'agit seulement de décrire la dispersion d'une distribution, on divise la somme des carrés des écarts à la moyenne par n.

Lorsque la variance (ou l'écart-type) est calculée sur un échantillon et doit servir à faire une inférence sur la variance de la population dont l'échantillon est extrait, c'est-à-dire lorsque la variance de l'échantillon sert d'estimateur, on sait que l'estimation sera moins biaisée si l'on divise la somme des carrés des écarts par n-1 plutôt que par n. On parle alors de « variance corrigée ».

Les calculatrices donnent parfois les deux indices. Si ce n'est pas le cas, sur un petit exemple on détermine si la variance calculée par la machine est ou non corrigée et on passe de l'une à l'autre par la formule :

$$\sigma^2 = \frac{\sigma_c^2 (n - 1)}{n}$$

σ^2 = variance non corrigée

σ_c^2 = variance corrigée

FICHE 23

DISPERSION : LE COEFFICIENT DE VARIATION

I - DÉFINITION

Nous avons vu (fiche 22) que l'écart-type s'exprimait dans la même unité que la variable. Si l'on veut éliminer cette unité, pour comparer la dispersion de deux distributions par exemple, on établit un ***coefficient de variation***, en divisant l'écart-type par la moyenne arithmétique de la distribution.

On exprime souvent le coefficient de variation en pourcentage.

$$\text{C. V.} = \frac{\sigma}{\overline{X}} * 100$$

Cet indice n'est pertinent que si les données sont positives.

Cet indice donne une bonne idée de l'homogénéité d'une distribution. Plus le coefficient de variation est faible, plus la distribution est homogène.

II - APPLICATION

Soit une distribution de notes ayant une moyenne de 8 points et un écart-type de 4,25 points ; le coefficient de variation est alors :

C.V. = (4,25/8)*100 = 53 %.

Avec un deuxième correcteur, nous obtenons une moyenne de 10 points et un écart-type de 4,5 points, nous avons :

C.V. = (4,5/10)*100 = 45 %.

La dispersion des notes par rapport à la moyenne est plus importante dans le premier cas.

Le deuxième correcteur a donné des notes plus élevées (2 points de plus en moyenne) et ses notes sont plus concentrées autour de sa moyenne que celles du premier correcteur.

FICHE 24

QUELS INDICES CHOISIR ?

Il serait bien rassurant de trouver dans un manuel un tableau indiquant, pour certaines caractéristiques des distributions, les « bons » indices à utiliser.
En fait, la question n'est pas tant « que doit-on faire ? » que « que veut-on mettre en évidence ? ». Il n'y a pas de règles systématiques, seulement des « choses à savoir » pour mieux répondre à la question.
Lorsqu'une distribution est unimodale et symétrique, les trois indices de position sont confondus. Dans les autres cas, ils ne le sont pas systématiquement. On peut donc s'interroger pour savoir quels sont les meilleurs indices à utiliser pour résumer une distribution.
Remarquons d'abord que, s'il ne s'agit que de décrire, rien n'oblige à choisir ! On peut donner plusieurs indices pour une même distribution. À l'inverse, la question peut se poser si l'on est dans un cadre de « standardisation » gestionnaire : étant donné la distribution des tailles des Français, va-t-on se référer au mode, à la moyenne ou à la médiane pour déterminer la longueur « standard » d'un lit, la hauteur des éléments de cuisine, etc. ?

I - AVANTAGES ET INCONVÉNIENTS DE LA MOYENNE

L'intérêt de la moyenne réside dans le fait que, sachant sur combien d'observations elle a été établie, on peut en déduire rapidement la somme des observations. Par exemple, le salaire moyen d'une entreprise multiplié par le nombre de salariés donne le total des salaires versés dans cette entreprise.
L'inconvénient de la moyenne est qu'elle est sensible aux valeurs extrêmes ; les très gros salaires la « tirent » vers le haut. D'autre part, elle est censée « représenter » chacun des éléments de la distribution mais elle représente mal les observations exceptionnelles.

II - AVANTAGES ET INCONVÉNIENTS DE LA MÉDIANE

La médiane peut, dans le cas de valeurs extrêmes, donner une information plus pertinente, et ce d'autant plus que de nombreuses personnes confondent les deux (salaire moyen et salaire médian).
Il est d'usage de choisir les quartiles si l'on prend la médiane, et l'écart-type si l'on prend la moyenne. Rien n'y oblige.
On peut décider de n'utiliser la moyenne et l'écart-type que si la distribution se rapproche d'une distribution gaussienne (voir fiche 28) au moins si elle est unimodale et symétrique par rapport à la moyenne.

FICHE 25 COMBINAISONS VISUEL/NUMÉRIQUE

Il est souvent fort utile de reporter sur les graphiques les indices numériques calculés. On peut également combiner les avantages du visuel et du numérique, ce qui est particulièrement intéressant lorsque l'on veut comparer plusieurs distributions. Cette représentation a été imaginée par Tukey.

I - BOÎTE ET MOUSTACHES

A - Médiane et Quartiles

On indique sur un axe (horizontal ou vertical) soit les modalités extrêmes possibles de la distribution, soit les modalités extrêmes réellement observées et les trois quartiles. On trace trois barres à l'endroit de ces quartiles. Les barres correspondant aux quartiles Q1 et Q3 seront les bords de la boîte (ou charnières) que l'on va ensuite fermer. De chaque côté, on trace une « moustache » jusqu'à la valeur la plus extrême observée. On obtient ainsi une bonne représentation graphique de la distribution.
(Certains auteurs et certains logiciels préfèrent fixer le bout des moustaches à une certaine étendue au-delà des charnières, ce qui doit permettre de repérer des observations très déviantes).

B - Moyenne et Écart-type

Sur le même principe, on peut indiquer la moyenne (au lieu de la médiane) par un point épais, et dessiner de chaque côté une demi-droite dont la longueur est égale à l'écart-type de la distribution (puisque l'écart-type est une distance par rapport à la moyenne).

II - APPLICATION

Soit le tri à plat des notes obtenues par 48 élèves à une épreuve de français :

note	0	1	2	3	4	5	6	7	8	9	10	11	12	13	14	15
effec.	2	5	2	2	0	0	1	11	0	1	9	3	6	4	0	2
effec. cumul.	2	7	9	11	11	11	11	23	23	24	33	36	42	46	46	48

Q1 premier quartile — Q2 médiane — Q3 troisième quartile

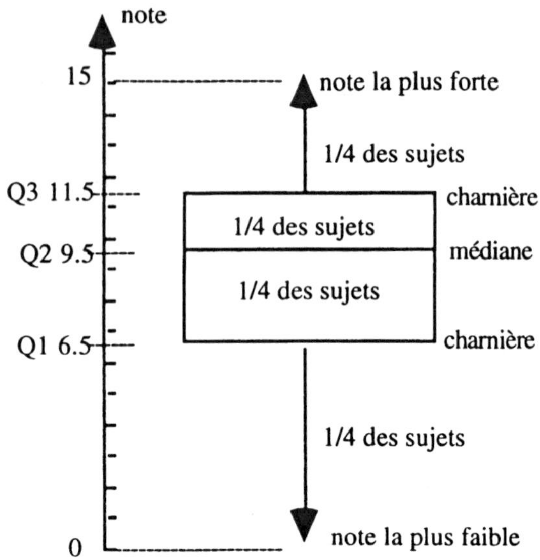

Nous voyons sur le graphique boîte et moustaches que la médiane se situe plus près de la note la plus forte obtenue (15) que de la note la plus faible (0). La moitié des élèves ayant les meilleures notes est plus homogène que l'autre moitié. D'autre part, nous voyons que la distribution des notes centrales (correspondant à 50 % des effectifs totaux) n'est pas symétrique par rapport à la médiane, les notes au-dessus de la médiane étant plus condensées que les notes inférieures à la médiane.

Nous obtenons une moyenne de 8 points et un écart-type de 4.25 :

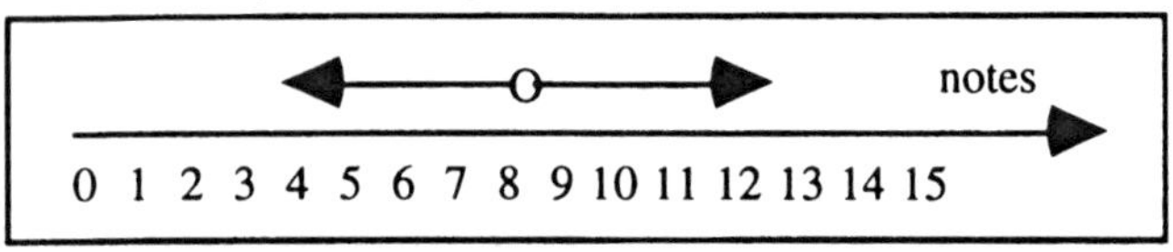

Nous voyons que ce graphique visualise moins de caractéristiques descriptives.
Combinaison des graphiques :

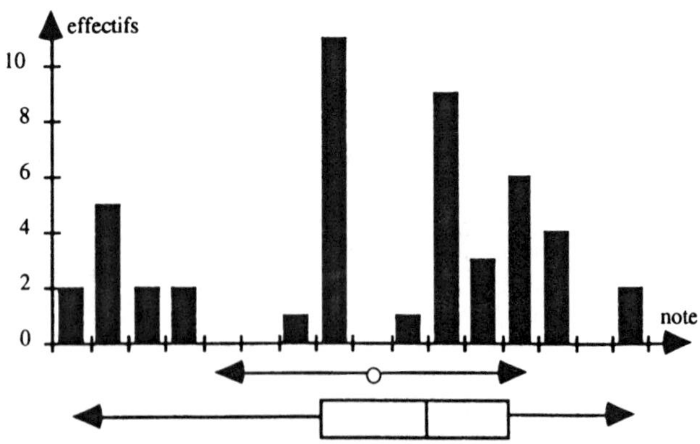

Chapitre 6

Analyse de la forme d'une distribution

Faire une représentation visuelle d'une distribution d'effectifs n'est pas une fin en soi. Au-delà du résumé de l'information de base (on a regroupé les observations semblables), la forme générale du graphique peut comporter quelques particularités intéressantes à analyser.

FICHE 26 LES DISTRIBUTIONS SYMÉTRIQUES ET PLATES

I - CONDITIONS NÉCESSAIRES À L'ANALYSE

Pour que l'analyse de la forme générale d'un graphique de distribution d'effectifs soit pertinente, deux conditions doivent être remplies que nous allons préciser.

A - L'ÉCHELLE DE MESURE UTILISÉE

Pour que la forme du graphique soit intéressante, il convient que la place des bâtons, colonnes d'étoiles, tuyaux d'orgues ou rectangles ne soit pas arbitraire (que deux colonnes ne puissent pas être interchangées).

Cette condition est réalisée lorsque la variable étudiée a été mesurée grâce à une échelle aux modalités ordonnées (classes ordinales, échelle numérique). Le diagramme peut alors être lu de gauche à droite (de haut en bas si l'axe des modalités est vertical) en ayant bien à l'esprit que ce déplacement suit les valeurs croissantes de la variable.

Cela revient à dire que, si l'on considère le polygone d'effectifs de la distribution, on peut l'analyser comme une fonction, celle qui indique la variation des effectifs en fonction de l'augmentation des modalités de la variable. Qu'observe-t-on comme variation des effectifs lorsqu'on passe d'une modalité à la modalité suivante de la variable ?

B - L'INTERVALLE DE CLASSES

Si la variable a été mesurée sur une échelle en classes ordinales, bien vérifier que les classes ont toutes le même intervalle (la même amplitude) avant de s'intéresser à la forme de la distribution. Si cela n'est pas le cas, une procédure jouant sur les volumes des rectangles d'un histogramme permet la lecture directe de la hauteur de ces rectangles (cette procédure est source de nombreuses erreurs, et nous la déconseillons) ; lorsqu'on est en position de « lecteur » de graphique et non de constructeur, il est très difficile de savoir si l'auteur a respecté correctement cette procédure. D'autre part, lorsque les classes extrêmes ne sont pas bornées, la hauteur des rectangles correspondant à ces classes n'a aucune signification relative et elle ne peut être comparée à aucune autre hauteur de l'histogramme.

Après s'être assuré que la lecture du graphique était licite, on peut commencer à s'intéresser à ses caractéristiques de forme.

II - SYMÉTRIE DE LA DISTRIBUTION

A - PRÉSENTATION

On dit qu'une distribution d'effectifs est parfaitement symétrique, si les observations sont également dispersées autour d'une valeur centrale qui joue le rôle d'axe de symétrie ; la partie gauche du graphique peut parfaitement se rabattre sur la partie droite autour de cet axe-charnière.

Les trois graphiques ci-après présentent des symétries parfaites rarement réalisées dans la pratique (seule l'allure générale du graphique est représentée) :

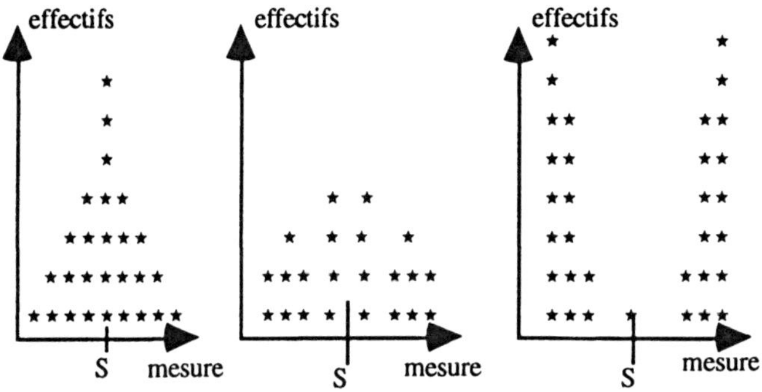

L'axe de symétrie S correspond alors à la moyenne arithmétique et à la médiane qui sont confondues. On peut également remarquer que les quartiles Q1 et Q3 sont à égale distance de la médiane Q2.

En outre, si la distribution est unimodale (un seul mode), comme c'est le cas pour la figure de gauche, le mode est également confondu. Dans ces cas de symétrie parfaite unimodale, les trois indices de position sont donc confondus.

Il est bien entendu possible de se passer du graphisme pour juger de la plus ou moins grande symétrie d'une distribution d'effectifs.

B - INDICES DE SYMÉTRIE (SKEWNESS)

Divers indices de symétrie (ou d'assymétrie) ont été proposés.

1. Indice de Yule

Yule a proposé un indice reposant sur les quartiles :

$$S_k = \frac{(Q3 - Q2) - (Q2 - Q1)}{(Q3 - Q2) + (Q2 - Q1)} = \frac{Q3 + Q1 - 2Q2}{Q3 - Q1}$$

- si S = O, la distribution est symétrique.
- si S < O, la distribution est étalée vers la gauche.
- si S > O, la distribution est étalée vers la droite (vers les plus fortes valeurs).

2. Indice de Pearson

L'indice de Pearson est basé sur la différence de position entre la médiane et la moyenne, et sur l'écart-type de la distribution.

$$Sk = \frac{3(\bar{x} - Me)}{\sigma}$$

C - Application

Soit le tri à plat des notes obtenues par 48 sujets à une épreuve de français :

note	0	1	2	3	4	5	6	7	8	9	10	11	12	13	14	15
effec.	2	5	2	2	0	0	1	11	0	1	9	3	6	4	0	2
cumul.	2	7	9	11	11	11	12	23	23	24	33	36	42	46	46	48

Nous obtenons Q1 = 6.5, Q2 = 9.5, Q3 = 11.5, $\bar{x}$ = 8, σ= 4.25

- indice de Yule :

$$S_k = \frac{11,5 + 6,5 - 2(9,5)}{11,5 - 6,5} = - 0,20$$

- indice de Pearson :

$$S_k = \frac{3(8-9.5)}{4.25} = - 1.06$$

la distribution est faiblement allongée à gauche, ce que nous pouvons vérifier sur le tri à plat.

III - LES DISTRIBUTIONS PLATES

A - Caractéristiques

Il peut arriver que le polygone d'effectifs soit proche d'une droite parallèle à l'axe de la mesure. Cela signifie que le nombre d'unités statistiques est le même pour toutes les modalités de la variable. Une telle distribution est appelée « distribution plate ».

Une distribution plate se caractérise par trois critères :

- elle est parfaitement symétrique ;
- sa moyenne et sa médiane sont confondues ;
- il n'existe pas de mode.

B - Exemple

Imaginons que les 36 élèves d'une classe se soient également répartis entre les 9 notes possibles d'une épreuve de mathématiques, chacune de ces 9 modalités ayant été obtenue par 4 élèves.

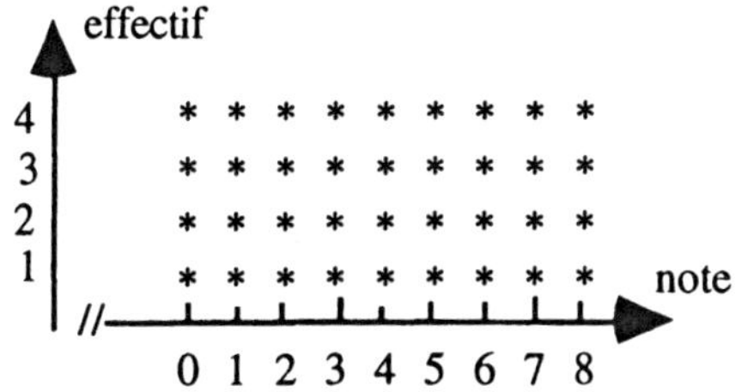

Pour cette distribution, on peut vérifier que la moyenne et la médiane sont bien confondues (= 4). On pourrait « rabattre » la partie gauche sur la partie droite, 4 jouant le rôle de charnière.

Appliquons la formule de Yule ou celle de Pearson :

Q1 = 2 ; Q2 = 4 ; Q3 = 6.

S = 0

Si nous appelons x l'axe de la mesure (la note obtenue) et y l'axe des effectifs, il existe une relation fonctionnelle de type

$$y = \frac{n \text{ (nombre d'unités statistiques)}}{m \text{ (nombre de modalités possibles)}}$$

Dans l'exemple envisagé, n est égal à 36 et m à 9, y est donc égal à 4, quel que soit x.

FICHE 27

LA LOI NORMALE : HISTOIRE

La distribution la plus populaire – le modèle parfait dont on ne sait plus très bien s'il est mathématique ou idéologique, postulé ou vérifié – est celle dont le polygone d'effectifs ressemble au contour d'une cloche.

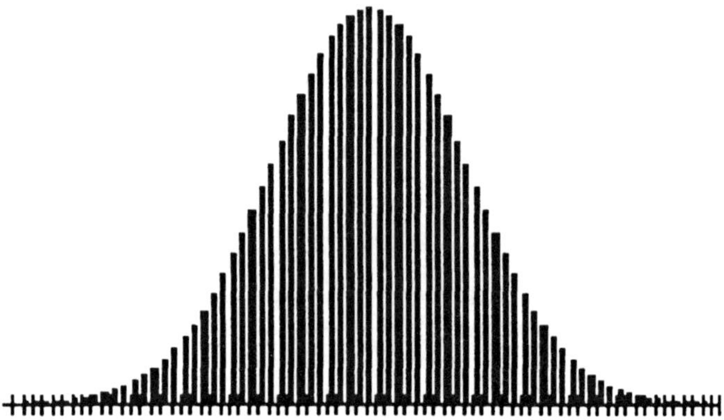

I - LA MOYENNE OBJECTIVE ET LES ERREURS DE MESURE : UN MÊME OBJET EST MESURÉ N FOIS

C'est dans le domaine des observations astronomiques que la distribution que l'on appellera ultérieurement « normale » a commencé sa carrière.
L'objectif était de déterminer la valeur d'une grandeur véritable existante. Si l'on mesure plusieurs fois le même objet (grandeur ou position d'une étoile par exemple) ou bien si plusieurs personnes mesurent un même objet, il est rare que l'on obtienne des mesures strictement semblables, ce qui devrait être le cas puisque la caractéristique mesurée sur l'objet est unique, donc stable ; on obtient le plus souvent des mesures légèrement différentes les unes des autres, traduisant la présence d'« erreurs ». Le polygone de fréquences des mesures obtenues ressemble à une cloche.

A - LA MOYENNE COMME GRANDEUR VÉRITABLE

Comment déterminer, à partir de ces mesures (de ces observations), la grandeur véritable (inconnue) de l'objet ?

*Si l'on multiplie indéfiniment les observations ou les expériences, leur résultat moyen converge vers un terme fixe, de manière qu'en prenant de part et d'autre de ce terme un intervalle aussi petit que l'on voudra, la probabilité que le résultat moyen tombera dans cet intervalle finira par ne différer de la certitude que d'une quantité moindre que toute grandeur assignable. Ce terme est la vérité même, si les erreurs positives et négatives sont également faciles (*Laplace, *Journal de l'École polytechnique,* tome 2, 1812*).*

La moyenne arithmétique des mesures obtenues est donc considérée comme la valeur certaine cherchée. On peut considérer qu'il s'agit d'une moyenne « objective ».

B - La variabilité et la loi des erreurs

Quant à la variabilité des valeurs obtenues, elle est attribuée aux opérations de mesure (instruments imprécis, observateurs distraits etc.) et non à l'objet lui-même. Il s'agirait d'erreurs accidentelles résultant de la combinaison, au hasard, de multiples erreurs partielles et indépendantes : il n'y a pas de raison pour que les erreurs de mesure se produisent plus dans un sens (résultat supérieur à la valeur « vraie ») que dans l'autre (résultat inférieur à la valeur « vraie »). Les erreurs sont d'autant moins probables (nombreuses) qu'elles sont plus grandes.

La distribution des erreurs suit une loi mathématique appelée ***« loi des erreurs »*** attribuée à Laplace ou à Gauss, qui deviendra « loi normale ».

II - La moyenne subjective : n objets différents sont mesurés une fois

Le belge ***Quetelet*** (1796-1874) va s'intéresser aux mesures d'une même caractéristique prises sur des personnes différentes, par exemple la taille ou le tour de poitrine de nombreux hommes.

Il ne s'agit plus de mesurer n fois un même objet, mais une fois différents objets.

Qu'en est-il de la signification de la moyenne arithmétique obtenue ? Comment la « loi des erreurs » peut-elle s'appliquer à la dispersion des mesures obtenues ?

A - L'homme moyen

La moyenne arithmétique des tailles de différentes personnes, que l'on pourrait appeler « subjective », résulte d'une opération purement arithmétique et ne peut être assimilée à la moyenne « objective » que dans une conception où la caractéristique mesurée est considérée comme une « essence » dont chaque individu ne constitue qu'une éventualité, une contingence particulière, un accident, une erreur :

Nous devons perdre de vue l'homme pris isolément, et ne le considérer que comme une fraction de l'espèce. En le dépouillant de son individualité, nous éliminerons tout ce qui n'est qu'accidentel. (Quetelet, *Sur l'homme et le développement de ses facultés*, 1835).

Suivons l'argumentation de Quetelet dans sa célèbre démonstration du « gladiateur » :

- la poitrine d'une même statue de gladiateur est mesurée plusieurs fois : cas envisagé précédemment = > loi des erreurs.
- des statuaires copient cette statue : les poitrines de ces diverses copies fourniront des mesures qui suivront la même loi. Affirmation gratuite ? Non, répond Quetelet, l'expérience est toute faite puisque l'on a mesuré la poitrine des soldats écossais

*« les choses se passent absolument **comme si** les poitrines avaient été modelées sur un même type, sur un même individu, idéal si l'on veut... »* (Quetelet, *Lettre de 1846*).

B - La variabilité comme erreurs

La loi des erreurs (distribution normale) offrirait donc une description convenable de ces mesures anthropométriques, et la « véritable hauteur » est alors celle de « l'homme moyen » ou de l'« homme-type ». C'est « la nature » qui met des différences entre les tailles des hommes, telle l'ouvrier cherchant à copier son modèle. Les variations autour de la moyenne ne sont, pour Quetelet, que des écarts accidentels, des erreurs par rapport à un module d'« ***homme moyen*** ». Et c'est cet homme moyen ou typique, qui va retenir son attention.

Les idées de Quetelet seront reprises en France par A. Bertillon, qui voit, dans l'arrangement symétrique des tailles autour de la moyenne, la preuve que la nature a en vue « un type idéal ».

III - La variabilité ne résulte pas d'erreurs

Galton (1822-1911), cousin de Darwin, s'intéresse lui aussi à la distribution des caractères physiques dans la population.

Sur le même modèle, il entreprend ensuite l'étude des caractères psychologiques. Comme pour les caractères anthropométriques, l'existence des caractères psychologiques est postulée « essentielle » (appartenant à l'essence de l'homme) et « contingente » (chaque homme possédant chaque caractère à un degré particulier).

La distribution « normale » fournit encore le modèle de répartition de l'intensité de ces caractères psychologiques, mais ce sont les écarts à la moyenne plus que la moyenne qui intéressent Galton. Pour lui, la variabilité observée pour les caractères physiques et psychiques n'est pas le résultat de quelque erreur aléatoire (de mesure ou de copie), mais elle est le produit d'un facteur systématique : l'hérédité biologique. C'est elle qui contrôlerait la distribution des caractères (physiologiques et psychologiques) et expliquerait les différences inter-individuelles, le fait que tous les individus n'aient pas la même taille, la même intelligence, le même taux d'extraversion, etc.

IV - LA DISTRIBUTION « NORMALE » DEVIENT LE MODÈLE POSTULÉ DE LA DISTRIBUTION « NATURELLE » DES CARACTÈRES PSYCHOLOGIQUES

On voit s'installer en psychologie le postulat que les résultats à des épreuves mobilisant des caractères psychologiques, puisqu'ils reflètent la distribution « normale » des caractères, doivent se répartir selon une loi « normale ».

Nous ne donnerons que deux exemples, l'un emprunté à l'étude du développement intellectuel, l'autre extrait de recherches sur la personnalité.

A - LA DISTRIBUTION DE L'INTELLIGENCE

Binet et Simon (1908), pour leur « échelle métrique de l'intelligence », adoptent des ***conventions*** de notation telles que l'on obtienne « une balance entre les retardataires et les avancés ».

B - LA DISTRIBUTION DES TRAITS DE PERSONNALITÉ

Cattell (1947) met en œuvre une ingénieuse procédure pour obtenir des distributions gaussiennes, lorsqu'il cherche à découvrir la structure de la personnalité. Il demande à des étudiants d'évaluer leurs pairs sur un certain nombre de traits ; « chaque sujet a été évalué par tous les autres comme étant moyen, au-dessus de la moyenne, ou en dessous de la moyenne pour un trait donné, avec la recommandation d'utiliser ces catégories en se rapprochant le plus possible de la fréquence générale 2 : 1 : 1 pour ce trait. En plus, chaque évaluateur devait désigner la personne la plus haute et la plus basse pour chaque trait. Les valeurs 0, 1, 2, 3, 4 furent attribuées par exemple 2 pour les moyens, 0 pour l'extrême inférieur etc. ». Voici une manière tout à fait simple d'expliquer ce qu'est une courbe de Gauss !

C - UN MODÈLE PRÉGNANT

La distribution normale des caractères psychologiques est un postulat très prégnant, dont les psychologues oublient trop souvent qu'elle n'est qu'un postulat, qu'un modèle mathématique.

Le fait que les notes attribuées par des correcteurs expérimentés à un certain nombre de copies de concours se distribuent suivant une courbe normale « en cloche » serait même, pour certains psychologues, *« un signe qui atteste la valeur de la notation, car on sait que si l'on mesure, dans un groupe homogène d'individus, un trait quelconque, on constate que les résultats se distribuent selon une courbe en cloche.* ***Tout porte à croire*** (c'est nous qui soulignons) *qu'il en est de même pour les connaissances dans le groupe d'individus qui se présente à un concours »* (Laugier et Weinberg, 1927).

De la même manière, Piéron (1952) qualifie de « déséquilibrés » certains examinateurs qui « massent leurs notes vers le bas ou vers le haut de l'échelle, suivant qu'ils ont une tendance à un excès d'indulgence ou de sévérité ». Ils devraient, toujours selon cet auteur, « être corrigés par une éducation convenable, ou éliminés ».

FICHE 28 CARACTÉRISTIQUES D'UNE DISTRIBUTION NORMALE

I - CARACTÉRISTIQUES GÉNÉRALES

Une distribution normale est une distribution parfaitement symétrique autour d'une valeur unique, qui est à la fois le mode, la médiane et la moyenne ; les effectifs décroissent régulièrement au fur et à mesure que l'on s'éloigne de cet axe de symétrie dans les deux sens.

Le polygone d'effectifs d'une distribution appelée « normale » s'apparente à une fonction qui a pour caractéristiques :

- d'être parfaitement définie par la moyenne de la distribution ($\bar{x}$), son écart-type (σ) et le nombre d'unités statistiques mesurées (n), seuls paramètres de son équation ;
- d'être asymptote à l'axe de la mesure (axe des x) ;
- d'avoir un point d'inflexion situé à une distance égale à un écart-type de la moyenne.

Cette fonction a une forme plus ou moins pointue ou plate selon la valeur de ces 3 paramètres.

II - LA DISTRIBUTION NORMALE CENTRÉE, RÉDUITE

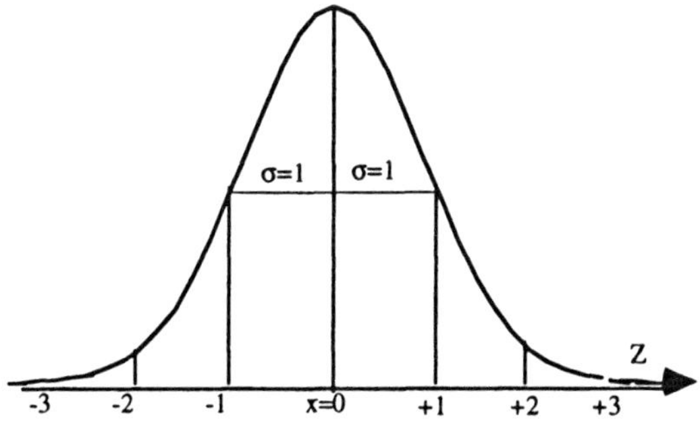

A - CARACTÉRISTIQUES

Parmi toutes les distributions normales possibles, il en est une particulière qui présente un intérêt majeur : celle qui a comme paramètres : moyenne = 0 ; écart-type = 1 ; n = 1

L'équation correspondant à ces paramètres permet alors de déterminer y (effectif) pour une valeur particulière de x (modalité de la variable) ; pour cette distribution particulière, on a l'habitude d'appeler « z » l'axe de la mesure (au lieu de x).

B - INTÉRÊT

En posant que l'aire totale comprise entre la courbe (le polygone d'effectifs) et l'axe des z est égale à 100 % de l'effectif total d'une distribution (100 pour 100, c'est-à-dire une fréquence égale à 1), on peut calculer, en pourcentage de l'aire totale, l'aire comprise entre la courbe, l'axe des z et les bâtons du diagramme correspondant à certaines valeurs de z, ou bien l'aire sous la courbe pour les valeurs de z supérieures à une valeur donnée.
Des tables ont été établies, qui permettent une lecture directe de ces fréquences. Différentes tables existent ; elles sont surtout utiles en statistiques inférentielles. Nous présentons plus loin quelques extraits de différentes tables (permettant de mieux comprendre et utiliser les tables usuelles souvent complexes).
Il est utile d'avoir en tête quelques repères, par exemple :

Si une distribution normale z a pour paramètres $\bar{x} = 0$ et $\sigma = 1$
68 % des observations sont comprises entre $z = -1$ et $z = +1$
95,5 % " " " " " $z = -2$ et $z = +2$
99,7 % " " " " " $z = -3$ et $z = +3$

La distribution normale centrée et réduite a d'autant plus d'intérêt que toute distribution normale peut s'y ramener (cf. fiche 31).
Dès lors, les caractéristiques précédentes deviennent :

Si une distribution normale a pour paramètres $\bar{x}$ et σ
68 % des observations sont comprises entre $\bar{x} - \sigma$ et $\bar{x} + \sigma$
95,5 % " " " " " $\bar{x} - 2\sigma$ et $\bar{x} + 2\sigma$
99,7 % " " " " " $\bar{x} - 3\sigma$ et $\bar{x} + 3\sigma$

C - EXTRAITS DE TABLES DE LA LOI NORMALE

	proportion (%) d'observations qui sont			
	≥+ Z ou ≤-Z	≥-Z ou ≤+ Z	≥0 et ≤+ Z	≥+ Z et ≤-Z
Z =	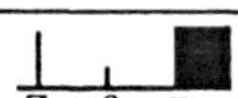			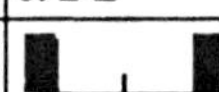
0	.500 (50 %)	.500 (50 %)	.000 (0 %)	1.00 (100 %)
0,25	.401 (40 %)	.599 (60 %)	.099 (10 %)	.803 (80 %)
0,50	.308 (31 %)	.691 (69 %)	.192 (19 %)	.617 (62 %)
0,75	.227 (23 %)	.773 (77 %)	.273 (27 %)	.453 (45 %)
1	.159 (16 %)	.841 (84 %)	.341 (34 %)	.317 (32 %)
1,25	.106 (11 %)	.894 (89 %)	.394 (39 %)	.211 (21 %)
1,50	.067 (7 %)	.933 (93 %)	.433 (43 %)	.134 (13 %)
1,75	.040 (4 %)	.960 (96 %)	.460 (46 %)	.080 (8 %)
2	.023 (2 %)	.977 (98 %)	.477 (48 %)	.046 (5 %)
2,50	.006 (1 %)	.994 (99 %)	.494 (49 %)	.012 (1 %)
2,75	.003 (1 %)	.997 (99 %)	.497 (49 %)	.006 (1 %)
3	.001 (1 %)	.999 (99 %)	.499 (49 %)	.003 (1 %)

FICHE 29

COMPARAISON DES DISTRIBUTIONS OBSERVÉES ET IDÉALES

Il est très peu probable que la distribution des observations réellement obtenues ressemble en tous points aux distributions « idéales » décrites fiches 26 et 28.

Il est néanmoins possible – et cela constitue une information non négligeable – d'analyser dans quelle mesure une distribution obtenue (que l'on appelle « empirique ») ressemble à l'un ou l'autre des deux modèles particuliers que constituent les distributions plates et gaussiennes.

I - COMPARAISON AVEC UNE DISTRIBUTION PLATE

A - MISE EN GARDE

Il est important de ne pas se contenter d'un examen sommaire du graphique des effectifs pour décider qu'une distribution est approximativement plate. Il peut arriver en effet qu'une distribution soit plate seulement pour ce qui concerne une partie des modalités possibles et que ceci ne « saute pas aux yeux ».

Une inspection trop rapide du graphique ci-dessous pourrait faire oublier qu'aucun sujet n'a obtenu les notes 9 ou 10 qui étaient des notes possibles.

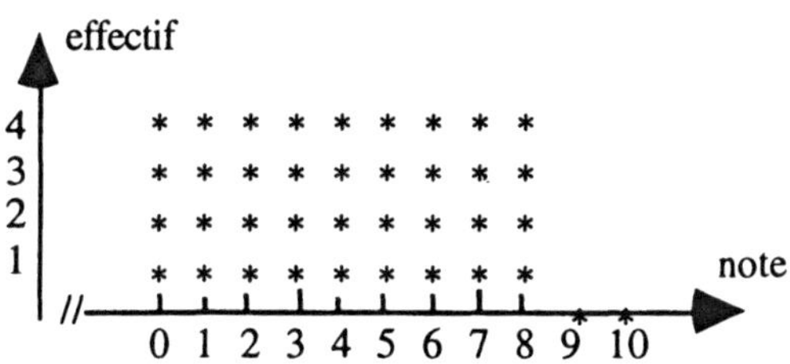

Pour parler d'une distribution plate, il faudrait que l'effectif soit le même pour toutes les modalités, y compris pour les notes 9 et 10, ce qui n'est pas le cas.

On peut décrire cette distribution comme « plate, avec un effectif de 4 élèves pour les notes de 0 à 8, mais sans aucun élève pour les notes 9 et 10 ».

B - COMPARAISON

On peut analyser une distribution en indiquant les écarts, par excès ou par défaut, par rapport à une distribution plate.

C - APPLICATION

99 personnes ont passé une épreuve de dessin notée sur 10. Voici le tri à plat de leurs résultats :

note	0	1	2	3	4	5	6	7	8	9	10
effectif	8	8	7	8	6	11	11	10	9	10	11

Si la distribution était plate, nous devrions avoir :

$$y = \frac{\text{nombre de sujets}}{\text{nombre de modalités}} = \frac{99}{11} = 9$$

Soit 9 sujets par modalité.

On va comparer ces effectifs «théoriques» de 9 sujets avec les effectifs réellement obtenus

note	0	1	2	3	4	5	6	7	8	9	10
eff. obtenus	8	8	7	8	6	11	11	10	9	10	11
eff. théoriques	9	9	9	9	9	9	9	9	9	9	9
différence	-1	-1	-2	-1	-3	+2	+2	+1	=	+1	+2

Nous pouvons dire : « nous avons moins de sujets qu'attendus en cas de distribution plate pour les notes basses ou inférieures à 5, et plus de sujets pour les notes égales ou supérieures à 5. » ou bien « par rapport à une égale répartition des sujets sur l'ensemble des notes, il y a une sous-représentation des sujets pour les notes basses et une sur-représentation pour les notes supérieures à 4 ».

Nous pourrions matérialiser cet écart graphiquement de la manière suivante :

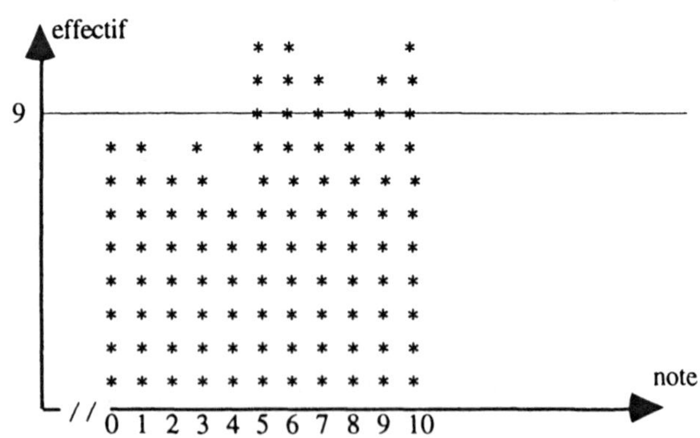

II - COMPARAISON AVEC UNE DISTRIBUTION GAUSSIENNE

Différentes méthodes existent, qui permettent d'évaluer la ressemblance entre une distribution observée et une distribution normale ou gaussienne.

Il existe une solution graphique (droite de Henry) et on peut trouver dans le commerce un papier spécial (même principe que le papier logarithmique).

On peut également se référer aux caractéristiques énoncées fiches 28 (il s'agit de conditions nécessaires mais non suffisantes).

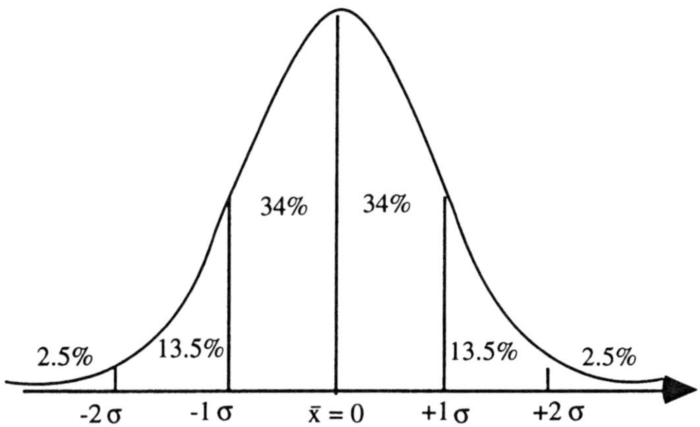

On établit le tableau suivant :

bornes	$\bar{x}-2\sigma$	$\bar{x}-\sigma$	$\bar{x}$	$\bar{x}+\sigma$	$\bar{x}+2\sigma$	
pourcentage théorique	2.5 %	13.5 %	34 %	34 %	13.5 %	2.5 %
valeurs des bornes						
pourcentage observé						

On remplace $\bar{x}$ et σ par leur valeur dans la distribution étudiée. On calcule ensuite les « pourcentages » observés d'observations comprises entre les bornes, puis on les compare avec les « pourcentages » théoriques (on pourrait aussi bien transformer les « pourcentages » théoriques en effectifs et comparer les effectifs théoriques et observés).

Des méthodes plus élaborées sont utilisées en statistiques inférentielles.

Chapitre 7

Recodages et transformations de données

Il est assez fréquent, après avoir recueilli les données avec un instrument de mesure déterminé a priori, d'en venir à transformer ces données : on parlera de protocoles dérivés. Nous ne traitons pas ici de pratiques plus ou moins licites qui consistent à supprimer certaines observations jugées bizarres ou à en « rectifier » d'autres.

Les modifications que nous présentons dans ce chapitre répondent à différents objectifs :

- diminuer la précision initiale des mesures enregistrées : par exemple, on arrondit au franc le plus proche les salaires individuels, on établit des classes d'âge ou de taille (en découpant a priori l'échelle initiale, ou en tenant compte a posteriori des effectifs obtenus pour chaque modalité).
- rendre comparables des distributions (centration, réduction).
- changer la forme de la distribution obtenue (décilage, normalisation, passage en logarithmes).
- créer une nouvelle variable en combinant des mesures obtenues sur plusieurs variables initiales : par exemple, différence entre la note de mathématiques obtenue au dernier contrôle et celle obtenue en début d'année pour créer une variable « progrès en mathématiques ».

FICHE 30 RECODAGE DE DONNÉES : PRÉSENTATION GÉNÉRALE

I - MISES EN GARDE

Deux points importants sont à considérer lorsqu'un recodage est opéré (ou à opérer) :

A - IMPACT DU RECODAGE SUR LA DISTRIBUTION

Lorsqu'on utilise une des nombreuses procédures qui permettent de transformer des données brutes, l'important est de bien avoir à l'esprit ***l'impact que cette transformation va avoir sur la distribution originale des effectifs.***

1. Les transformations linéaires : caractéristiques

Pour les échelles d'intervalles, il est en particulier important de déterminer si la transformation opérée préserve

- l'ordre des observations ;

- les distances qui les séparent ;

- la forme de la distribution.

Une transformation est dite « linéaire » si elle répond à ces trois impératifs.

On a :

y (nouvelle variable) = ax (ancienne variable) + b

(a et b étant des constantes)

2. les transformations linéaires : vérification graphique

Il existe une manière graphique simple de vérifier qu'une transformation est linéaire : on indique les anciennes modalités sur l'axe des abscisses (horizontal) et les nouvelles modalités sur l'axe des ordonnées (vertical). On place alors chaque observation sur ce graphique en tenant compte de son ancienne modalité et de sa nouvelle modalité. Si la transformation est linéaire, tous les points doivent se trouver sur une droite : les nouvelles valeurs sont une fonction linéaire des anciennes.

B - Impact de l'ajout d'observations sur le recodage

Certains recodages sont opérés sans tenir compte des caractéristiques de la distribution des observations recueillies ; par exemple, toute note inférieure à 10 sera codée « échec » quel qu'en soit le nombre. À l'inverse, la logique de certains recodages repose sur la prise en compte des observations recueillies, de la moyenne et/ou de l'écart-type de la distribution, par exemple. Dans un tel cas, soit on recode toutes les observations en tenant compte des nouvelles valeurs de ces indices, soit on est en droit de considérer que les indices initialement trouvés valent pour une large population et servent de normes applicables à tout nouveau sujet.

II - RECODAGES COURANTS

Certains recodages transforment les échelles ayant servi à recueillir les données en échelles comportant moins de modalités sans que la distribution des effectifs obtenue ne serve nécessairement de guide pour cette transformation.

A - Agrégation de modalités

Des observations provenant de notations scolaires effectuées sur une échelle numérique peuvent être regroupées en classes ordonnées (performance mauvaise/moyenne/bonne), ou en modalités dichotomiques (refusé/reçu). De la même manière, on peut répartir les résultats du bac selon diverses modalités, fixées a priori pour des raisons administratives et/ou pédagogiques en distinguant par exemple le fait d'avoir été reçu dès l'écrit ou seulement après l'oral de rattrapage.

Lorsqu'on travaille avec un instrument de mesure ayant un très grand nombre de catégories nominales – les catégories socioprofessionnelles par exemple – on opère des regroupements de modalités afin d'avoir un découpage moins fin mais plus facilement utilisable (surtout si l'on a peu de sujets).

Lorsqu'on travaille avec une échelle en classes ordonnées, il arrive également que l'on regroupe des modalités adjacentes, par souci de présentation ou parce qu'une modalité comporte trop peu d'observations

B - Constitution de classes de même amplitude

Dans certains cas, c'est le très grand nombre de modalités d'une variable numérique qui peut susciter le désir de résumer la distribution en un nombre limité de classes. Imaginons par exemple que l'on travaille sur l'ensemble des revenus des Français ; on peut résumer cette distribution en établissant des classes de revenus ayant toutes le même intervalle (par exemple 3 000 francs), puis en comptant ensuite le nombre de sujets contenus dans chaque classe. Cela revient à découper a priori l'ensemble des modalités possibles de la variable « revenu » en sous-ensembles équivalents, autrement dit à rendre l'instrument de mesure plus grossier. Dans la première classe, par exemple, on regroupera les revenus inférieurs ou égaux à 3 000 francs ; dans la deuxième, les revenus supérieurs à 3 000 francs et inférieurs ou égaux à 6 000 francs, etc.

C - Dichotomisation

On a parfois besoin de transformer des échelles comportant plusieurs modalités en échelles nominales dichotomiques n'en comportant que deux (par souci d'homogénéiser différentes variables, pour utiliser certains tests statistiques, etc.).

1. Utilisation de médianes ou moyennes

Lorsque l'échelle est numérique, on peut choisir de coder les anciennes modalités selon qu'elles sont inférieures ou supérieures à un indice de position particulier, médiane ou moyenne par exemple.

2. Codage en absence/présence, codage disjonctif

Lorsque les échelles comportent un nombre limité de modalités, on peut créer autant de variables que l'échelle initiale comporte de modalités. Chaque modalité ancienne constitue alors la modalité « présence » d'une échelle, en opposition avec l'ensemble des autres modalités.

Exemple : la catégorie socioprofessionnelle recueillie selon les 3 modalités « basse », « moyenne », « haute », donne naissance à 3 variables :

- « catégorie basse » avec 2 modalités « oui »/« non » ;
- « catégorie moyenne » avec 2 modalités « oui »/« non » ;
- « catégorie haute » avec 2 modalités « oui »/« non ».

D - Utilisation de constantes

En présence d'échelles numériques, on peut avoir besoin d'ajouter (ou de retrancher) à chaque modalité une certaine valeur, qui permettra par exemple de « remonter » le niveau général d'une épreuve ou d'éviter d'avoir des résultats négatifs.

On peut également « pondérer » des résultats par le jeu de coefficients, comme on le fait pour les notes de nombreux concours lorsqu'on souhaite que différentes matières n'aient pas le même poids.

L'utilisation conjointe de ces deux procédures permet ainsi de transformer des températures exprimées en degrés centigrades en températures Fahrenheit, et des notes brutes en notes « z » centrées réduites.

Ces recodages sont étudiés en détail chapitre 7.

E - Quantilage, normalisation, Étalonnages

On peut préférer, pour un regroupement en classes de données numériques, utiliser des méthodes fondées non plus sur le découpage a priori des modalités possibles d'une variable, mais sur la répartition effective des observations recueillies.

1. Quantilage

On décide par exemple que l'on veut un instrument qui découpe la distribution observée des revenus des Français en « paquets » égaux de sujets. On procède dans ce cas à un ***« quantilage »*** qui donnera une ***distribution plate***. La distribution des salaires d'origine sera transformée par exemple en un ensemble de 10 classes ordonnées. On peut ensuite attribuer à chaque classe le salaire moyen de l'ensemble des observations de cette classe.

2. Normalisation

On peut souhaiter, dans certains cas, que le nouvel instrument de découpage reproduise les caractéristiques d'une courbe de Gauss, de la ***« loi normale »***.

Si le choix des unités statistiques le permet, les classes ainsi formées sont considérées comme « normes », comme « étalon » et servent à transformer la note brute de tout nouveau sujet. Cette procédure d'étalonnage est détaillée fiche 33.

FICHE 31 CENTRATION, RÉDUCTION, STANDARDISATION

I - CHANGEMENT D'ORIGINE : AJOUT OU SOUSTRACTION DE CONSTANTES

A - CAS GÉNÉRAL

Ajouter ou soustraire une constante à chaque observation établie sur une échelle d'intervalles revient à opérer un changement d'origine de l'échelle considérée.

1. Exemple d'utilisation

Supposons que les salariés d'une entreprise réclament une augmentation de salaire. Le directeur peut décider d'accorder à tous une augmentation uniforme de 500 francs.

La transformation qui en résulte est facile à imaginer ; au plan graphique, ceci revient à « faire glisser » les modalités de la variable « salaire » le long de l'axe horizontal du diagramme (si on a choisi cet axe comme axe des modalités) vers la droite, puisqu'on a ajouté une constante. Retrancher une constante revient à opérer un glissement vers la gauche. La forme de la distribution ne changera pas dans la mesure où les effectifs correspondant à une même modalité sont inchangés.

Lorsque l'on ne possédait pas de procédés informatiques de calcul, une transformation consistant à soustraire une « moyenne arbitraire » astucieusement choisie à toutes les observations brutes permettait de simplifier les calculs intermédiaires.

2. À retenir

- Ajouter (ou retrancher) une constante « a » aux observations brutes réalisées sur une échelle d'intervalle ne modifie pas l'allure de la distribution initiale ;
- Les indices de position se trouvent augmentés (ou diminués) de la valeur a ;
- La variance n'est pas modifiée.

$$\bar{x} \text{ nouvelle} = \bar{x} \text{ origine} \pm a.$$
$$\sigma^2 \text{ nouveau} = \sigma^2 \text{ origine.}$$

3. Application

Ajoutons 5 points aux notes des élèves d'une même section :

modalités anciennes	0	1	2	3	4	5	6	7	8	9	10
modalités nouvelles	5	6	7	8	9	10	11	12	13	14	15
effectifs	2	6	3	5	15	10	0	12	5	3	5

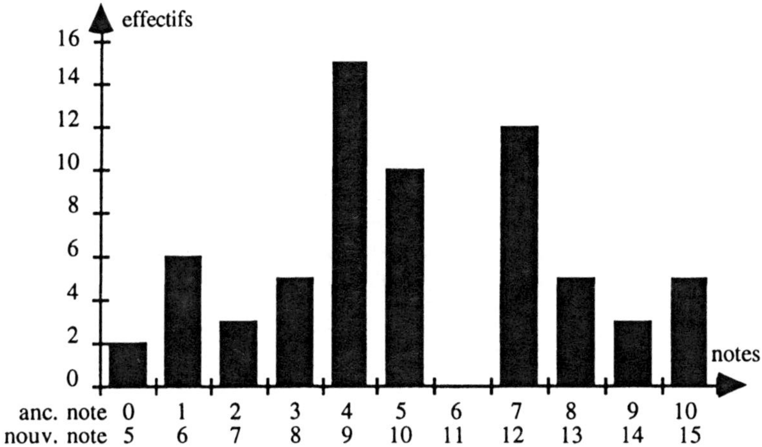

Nous pouvons vérifier la linéarité par un autre graphique :

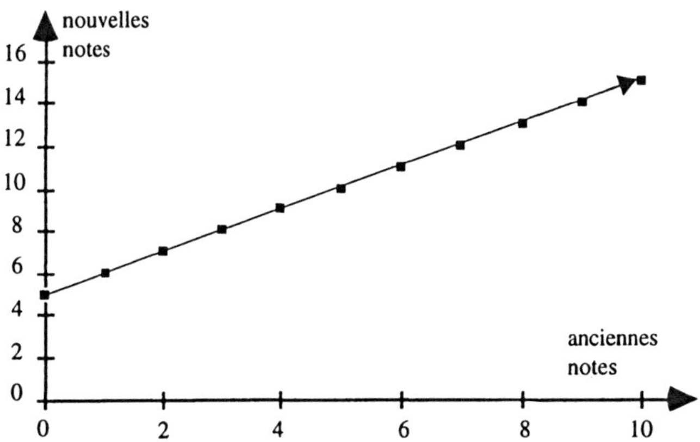

B - Centration

Si l'on choisit pour constante la valeur de la moyenne arithmétique d'une distribution et que l'on soustrait cette valeur de toutes les observations, la nouvelle variable correspond aux écarts à la moyenne. Les observations transformées ayant un signe négatif sont celles qui sont inférieures à la moyenne arithmétique celles qui ont un signe positif sont supérieures à la moyenne. La moyenne de la nouvelle distribution est égale à 0. On a centré la distribution sur 0.

II - PONDÉRATION : MULTIPLICATION OU DIVISION PAR UNE CONSTANTE

A - CAS GÉNÉRAL

1. Exemple d'utilisation

Tout candidat au baccalauréat sait que la note sur 20 qu'il a obtenue à l'épreuve anticipée de français « vaudra » plus ou moins selon la section choisie en terminale. On pourrait parfaitement envisager que la prise en compte de l'origine (scientifique/littéraire) des élèves se fasse en utilisant des systèmes différents de notation. En fait, la prise en compte se fait en donnant un poids différent à la note attribuée en français dans l'évaluation globale des performances ; on utilise pour cela des coefficients multiplicateurs différents.

2. À retenir

- Multiplier (ou diviser) par une constante ß les observations brutes réalisées sur une échelle d'intervalle modifie l'allure de la distribution initiale en opérant une dilatation (ou concentration) de cette distribution.
- Deux unités statistiques qui étaient dans la même modalité le restent, et l'ordre (ou le classement) des unités statistiques n'est pas modifié.
- Les indices de position se trouvent multipliés (ou divisés) par la valeur ß.
- La variance est multipliée (ou divisée) par $ß^2$

$$\bar{x} \text{ nouvelle} = \bar{x} \text{ origine} * ß \text{ (ou / ß)}$$
$$\sigma^2 \text{ nouveau} = \sigma^2 \text{ origine} * ß^2 \text{ (ou / } ß^2\text{)}$$

3. Application

Multiplions par 2 les notes des élèves d'une même section :

modalités anciennes	0	1	2	3	4	5	6	7	8	9	10
modalités nouvelles	0	2	4	6	8	10	12	14	16	18	20
effectifs	2	6	3	5	15	10	0	12	5	3	5

Les 15 élèves qui avaient 4 ont maintenant 8, etc. La seule modification est donc une « dilatation » des intervalles de l'échelle ; deux élèves qui étaient séparés par un point sont maintenant séparés par 2*1 = 2 points.

On peut constater que la moyenne de la nouvelle distribution est elle aussi multipliée par 2 et que sa variance est multipliée par 2^2.

B - Réduction

Si l'on choisit pour constante la valeur de l'écart-type d'une distribution, l'écart-type de la nouvelle distribution est égal à 1.

III - Combinaison de la centration et de la réduction : les notes « Z »

A - Méthode

Deux constantes particulières sont fréquemment utilisées pour opérer une double transformation d'une distribution : la moyenne de la distribution et son écart-type ; on soustrait d'abord à chaque observation la valeur de la moyenne arithmétique de la distribution, puis on divise ces nouvelles valeurs par l'écart-type de la distribution.

Soit une distribution dont on a calculé la moyenne $\bar{x}$ et l'écart-type σ.

On transforme chaque valeur de x en une valeur z telle que :

$$z = \frac{x - \bar{x}}{\sigma}$$

B - Caractéristiques de la nouvelle distribution

Cette transformation permet d'obtenir une nouvelle distribution, la distribution ***z, qui a pour moyenne 0 et pour écart-type 1*** : cette nouvelle distribution est dite « centrée », car elle aura pour moyenne 0, et « réduite » puisque son écart-type vaudra 1.

La valeur de z, dite ***note réduite***, exprime la distance d'une observation par rapport à la moyenne en nombre d'écarts-types. On parle d'***écart réduit***. Cette valeur est positive ou négative selon que l'observation considérée était supérieure ou inférieure à la moyenne de l'ancienne distribution.

C - Exemple

Un sujet qui obtient une note réduite de + 1,5 est à un écart-type 1/2 au-dessus de la moyenne de la distribution dont il est issu.

D - À RETENIR

- Une distribution plate reste plate, une distribution gaussienne reste gaussienne. On opère seulement un changement d'échelle sur l'axe des x, comme si cet axe était un élastique dont on contrôle la déformation.
- Une transformation par centration et réduction ne fait que dilater ou concentrer la distribution initiale pour en faire une distribution de moyenne = 0 et d'écart-type = 1.

E - APPLICATION

Soit les notes x obtenues par 30 élèves à une épreuve de gymnastique. Transformez-les en notes z et vérifiez que la nouvelle moyenne est bien 0 et le nouvel écart-type 1.

note x	n_i	$n_i x$	$x-\bar{x}$	$(x-\bar{x})^2$	$n_i (x-\bar{x})^2$	$z = \frac{x - \bar{x}}{\sigma}$	$n_i z$	$n_i (z^2)$
20	2	40	8	64	128	+ 8/5 = 1,6	+ 3,2	2*2,56 = 5,12
19	2	38	7	49	98	+ 7/5 = 1,4	+ 2,8	2*1,96 = 3,92
17	1	17	5	25	25	+ 5/5 = 1	+ 1	1*1 = 1
16	1	16	4	16	16	+ 4/5 = 0,8	+ 0,8	1*0,64 = 0,64
15	4	60	3	9	36	+ 3/5 = 0,6	+ 2,4	4*0,36 = 1,44
14	4	56	2	4	16	+ 2/5 = 0,4	+ 1,6	4*0,16 = 0,64
13	1	13	1	1	1	+ 1/5 = 0,2	+ 0,2	1*0,04 = 0,04
12	3	36	0	0	0	0 0	0	
11	1	11	-1	1	1	-1/5 =-0,2	-0,2	1*0,04 = 0,04
10	5	50	-2	4	20	-2/5 =-0,4	-2	5*0,16 = 0,80
5	3	15	-7	49	147	-7/5 =-1,4	-4,2	3*1,96 = 5,88
3	2	6	-9	81	162	-9/5 =-1,8	-3,6	2*3,24 = 6,48
2	1	2	-10	100	100	-10/5 =-2	-2	1*4 = 4
	30	360		750			0	30
		$\bar{x}$ = 12		σ = 5			$\bar{x}$ = 0	σ = 1

IV - UTILISATIONS DE LA CENTRATION-RÉDUCTION

A - HOMOGÉNÉISATION :

Lorsque l'on travaille sur des variables qui ont des intervalles de variation très différents, la transformation par centration et réduction de chacune d'elles les rend homogènes.

Exemple : soit plusieurs correcteurs de philosophie ayant chacun un paquet de copies à corriger. On sait que certains correcteurs utilisent une large gamme de notes, alors que d'autres ne mettent ni de très bonnes ni de très mauvaises notes ; on sait aussi que les notes moyennes dépendent du degré d'exigence des correcteurs. La transformation en notes z des notes des différents paquets permet de faire coïncider les échelles des correcteurs et donc de ne pas favoriser ou défavoriser un élève selon que sa performance (bonne ou mauvaise) sera tombée dans l'un ou l'autre paquet.

B - Comparaison de deux instruments de mesure

Exemple : des soignants remplissent deux questionnaires destinés à évaluer la dépendance de 225 personnes âgées. L'une des échelles donne une note possible de 0 à 10, alors que l'autre étale les sujets de 17 à 70. Si l'on désire savoir quelles sont les personnes qui ne sont pas classées de la même manière par les deux instruments, on peut transformer en notes z les deux distributions. Chaque sujet aura alors deux scores, l'un reflétant son écart à la moyenne du groupe pour la première échelle et l'autre reflétant son écart à la moyenne pour l'autre échelle, ces écarts étant directement comparables.

C - Utilisation de tables d'écarts réduits

La transformation en notes z est surtout intéressante lorsque la distribution d'origine est normale. En effet, l'équation d'une courbe normale est parfaitement définie quand on connaît la moyenne et l'écart-type de la distribution (cf. fiche 28) ; les diverses distributions normales ne se distinguent que par ces deux paramètres ; on peut calculer, pour chaque distribution, le nombre d'observations qui dépassent telle ou telle valeur. Ces calculs étant un peu fastidieux, on a établi des tables pour une courbe normale particulière, celle qui a pour moyenne 0 et pour écart-type 1 ; il suffit donc de transformer la distribution normale que l'on étudie en notes z pour pouvoir utiliser ces tables et connaître, pour une valeur donnée de z, le pourcentage des observations qui lui sont supérieures ; on peut aussi connaître le pourcentage des observations comprises entre 2 valeurs de z, etc. (cf. fiche 28).

V - Standardisation après centration et réduction

La transformation en notes z, en centrant les notes autour de 0, génère des notes négatives (toutes celles qui étaient inférieures à la moyenne). Cela peut être considéré comme gênant : source d'erreur dans les calculs, bizarrerie qui consiste par exemple à attribuer une note négative d'intelligence !

Pour remédier à cet inconvénient, il suffit de faire une nouvelle transformation des notes z telle que la moyenne des z ne sera plus 0 mais 100 par exemple. Cette nouvelle moyenne est choisie de telle sorte que l'on n'ait plus de note z négative. Dans la foulée, on peut également choisir une nouvelle valeur pour l'écart-type qui évitera d'avoir des notes décimales ; on prendra 15 au lieu de 1 par exemple. On parle alors de ***« note standard »*** :

$$X \text{ standard} = a \frac{x - \bar{x}}{\sigma} + b = az + b$$

a = nouvel σ

b=nouvelle moyenne

Cette transformation est utilisée dans les tests de quotient intellectuel. L'adulte « moyen » a donc un QI de 100. Et 68 % des adultes ont un QI compris entre 85 (100 - 15) et 115 (100 + 15).

FICHE 32

ÉTALONNAGE EN QUANTILES

On peut préférer, pour un regroupement en classes, utiliser des méthodes fondées non plus sur le découpage a priori des modalités possibles d'une variable, mais sur la répartition effective des observations recueillies.

On va assigner, a priori, certaines caractéristiques que l'on souhaite à l'échelle à créer, puis on va la construire en tenant compte des observations obtenues.

On décide par exemple que l'on veut une échelle qui découpe la distribution observée en « paquets » égaux de sujets. On procède dans ce cas à un ***« quantilage »*** qui donnera une ***distribution plate***.

L'instrument créé, au-delà de ses caractéristiques descriptives, permet de substituer aux mesures brutes obtenues avec l'instrument de mesure initial, de nouvelles modalités (en classes) qui donneront une nouvelle distribution ayant les caractéristiques particulières souhaitées.

Nous avons déjà parlé du quantilage au chapitre 4 comme manière de décrire la dispersion d'une distribution. Au-delà de la seule description, cette procédure permet de transformer la modalité d'origine d'une observation, en une nouvelle modalité qui correspond à la place de cette observation dans la distribution rangée.

I - LOGIQUE

Il s'agit de découper une distribution ordonnée en une certaine quantité de « paquets » contenant tous le même nombre d'observations.

On peut souhaiter constituer une discrimination plus fine : en quatre « paquets » (par calcul des quartiles ou quartilage), en dix « paquets » (calculs de déciles ou décilage), en cent (centilage), etc.

Ceci permet de remplacer une série plus ou moins importante de notes différentes par seulement 4, 10 ou 100 modalités.

Le décilage permet ainsi de dire que 10 % des Français ont un revenu inférieur à x… francs ou que 1 Français sur 10 à un revenu supérieur à y… francs.

Ces opérations constituent des ***quantilages*** (quartilages, décilages, centilages, etc.). Les coupures sont les quantiles, les paquets sont les interquantiles.

La procédure suit la même logique que celle utilisée pour le calcul de la médiane et des quartiles. Les difficultés que l'on avait alors rencontrées sont accrues et, dans la pratique, le découpage en dix classes contenant chacune exactement 10 % des observations est souvent difficile à réaliser, les ex aequo étant d'autant plus nombreux que la distribution est moins étalée.

Dans la mesure où il s'agit de remplacer, pour chaque unité statistique, sa note brute par le numéro correspondant de l'interquantile, l'interpolation linéaire ne peut servir : imaginons en effet que le sujet médian soit dans une classe « 12,5-

13,5 » contenant 12 sujets et que la médiane interpolée donne « 13,2 ». Comment déterminer quels sujets parmi les 12 sont « en-dessous de la médiane » et quels sujets sont « au-dessus » ? Tous les sujets qui sont au départ dans la même classe doivent se retrouver dans la même nouvelle classe.

Les quantiles sont ici des coupures concrètes et non pas seulement des indices descriptifs.

II - PROCÉDURES

A - PROCÉDURE CLASSIQUE

On peut schématiser la démarche comme suit :

1. Faire le tri à plat des observations recueillies

Il n'existe aucune convention concernant le choix d'un ordre croissant ou décroissant. On peut choisir un ordre tel que la « première classe » regroupera les valeurs de la variable qui expriment les meilleures performances, au sens de la hiérarchie sociale habituelle : les valeurs les plus fortes pour les notes de type scolaire, etc.

2. Calculer l'effectif théorique correspondant à chaque « tranche » désirée

Si l'on fait un décilage pour un ensemble de 420 observations, chaque tranche devra comporter 42 observations ; le premier décile (ou coupure) devra se situer entre la modalité prise par la 42ᵉ et celle prise par la 43ᵉ observation, le deuxième décile correspondra à une valeur intermédiaire entre les 84ᵉ et 85ᵉ observations, etc.

3. Chercher dans le tableau des effectifs cumulés les modalités correspondantes

4. Établir un tableau de correspondance

Ce tableau doit indiquer la règle de correspondance entre les numéros des nouvelles classes et les limites inférieures et supérieures des modalités de la variable pour chacune d'elles.

B - PROCÉDURE ARTISANALE

Une manière plus « artisanale » de procéder consiste à utiliser un diagramme en étoiles : sachant que chaque étoile correspond à une observation, il suffit de « compter » les étoiles en partant de l'origine, de fabriquer ainsi les paquets désirés, et de tracer ensuite les coupures nécessaires sur l'axe horizontal. Cette méthode présente l'avantage de visualiser les particularités de la distribution d'origine et de permettre ainsi un « bricolage » plus pertinent si nécessaire.

C - Remarques

- Le quantilage modifie l'allure de la distribution initiale et en fait une distribution plate.

  Si l'on transforme les valeurs de la distribution initiale en leur substituant le numéro du quantile auquel elles appartiennent et si l'on trace le polygone de fréquences de cette nouvelle distribution, on obtient une distribution plate (ligne horizontale), si le quantilage a pu se faire sans trop de problèmes.

- Dans la pratique, les centilages sont rarement utilisés ; ils nécessitent en effet un très grand intervalle de variation de la variable (500 modalités semblent un minimum pour que la transformation en cent classes présente un intérêt), ainsi qu'un très grand nombre d'observations. Les décilages, à l'inverse, sont d'utilisation fréquente.

- Les quartiles, centiles, déciles sont des modalités de la variable qui découpent la distribution en tranches. Ces tranches sont appelées « interquartiles », « interdéciles », etc.

- On peut, pour mieux délimiter les tranches, attribuer aux déciles des modalités fictives et non des modalités réelles, ce qui permet de s'assurer de l'exclusivité des classes.

III - APPLICATION

L'exemple suivant est emprunté à Faverge (« Méthodes statistiques en psychologie appliquée », PUF,1971). Il s'agit des notes obtenues par 126 conducteurs de chemin de fer au test Matrix que l'on veut regrouper en 10 classes contenant chacune 10 % des sujets.

a) tri à plat

note	50	49	48	47	46	45	44	43	42	41	40	39	38	37	36
effec.	1	2	2	1	1	2	7	5	3	7	5	4	4	6	7
cumul	1	3	5	6	7	9	16	21	24	31	36	40	44	50	57

note	35	34	33	32	31	30	29	28	27	26	25	24	23	22
effec.	5	3	5	7	4	2	4	2	3	3	6	4	1	1
cumul	62	65	70	77	81	83	87	89	92	95	101	105	106	107

note	21	20	19	18	17	16	15	14	13	12	11
effec.	3	3	2	4	0	1	0	0	1	1	1
cumul	110	113	115	119	119	120	120	120	121	122	123

note	10	9	8
effec.	1	1	1
cumul	124	125	126

b) calcul des déciles théoriques : 126 observations

=> donc chaque classe doit contenir 12,6 observations.

interdéc.	1	2	3	4	5	6	7	8	9	10
eff. théo	12,6	12,6	12,6	12,6	12,6	12,6	12,6	12,6	12,6	12,6
eff. théo cumulé	12,6	25,2	37,8	50,4	63	75,6	88,2	100,8	113,4	126

c) on peut établir le tableau suivant :

inter-décile	notes limites	décile	effectifs		effectifs cumulés	
			observés	théoriques	observés	théoriques
1	50-45	44,5	9	(12,6)	9	(12,6)
2	44-42	41,5	8	(12,6)	24	(25,2)
3	41-40	39,5	12	(12,6)	36	(37,8)
4	39-37	36,5	14	(12,6)	50	(50,4)
5	36-35	34,5	12	(12,6)	62	(63)
6	34-32	31,5	15	(12,6)	77	(75,6)
7	31-28	27,5	12	(12,6)	89	(88,2)
8	27-25	24,5	12	(12,6)	101	(100,8)
9	24-20	19,5	12	(12,6)	113	(113,4)
10	19-8		13	(12,6)	126	(126)

On voit, en comparant les deux colonnes d'effectifs, que seules les deux premières classes s'éloignent notablement des effectifs théoriques.

On va chercher la première coupure qui doit correspondre (au plus près) au 12,6[e] sujet. Le 12,6[e] sujet a pour note 44, mais on trouve 7 sujets ayant cette note, soit les 10e, 11e, 12e, 13e, 14e, 15e et 16e sujets ; doit-on intégrer ces sujets dans le premier interdécile ? Si oui, on fixe le décile à 43,5 et le premier interdécile contiendra 16 sujets, au lieu de 12,6. Si non, on fixe le décile à 44,5 et l'interdécile contiendra 9 sujets. On pourrait opter pour la première solution puisque 16 est plus proche de 12,6 que 9. Mais on pourrait tout aussi bien remarquer que ce choix aboutit à un effectif de 8 dans la classe suivante, soit une répartition 16/8 entre ces classes, alors que l'autre solution donne une répartition 9/15 plus proche de l'égalité recherchée.

Cet exemple montre bien la difficulté d'obtenir la solution idéale et le « bricolage » souvent indispensable.

IV - UTILISATIONS

A - CONSTITUER DES GRILLES « ÉTALON » OU NORMES

1. Pour classer une nouvelle observation

Reprenons l'application précédente et imaginons qu'un nouveau conducteur passe la même épreuve et que sa performance soit égale à 41. Le tableau que nous avions établi permet tout de suite de savoir que cette performance classe le conducteur dans l'interdécile 3, c'est-à-dire qu'elle est supérieure à au moins 70 % de celles obtenues par les précédents candidats. Si l'on recueille des données sur un grand nombre de personnes, le tableau de quantilage fournira une grille, un étalon qui permettra de classer tout nouveau sujet, d'où le nom d'étalonnage donné à cette procédure très utilisée en psychologie dans la méthode des tests.

2. Pour comparer les performances d'un sujet à plusieurs épreuves

Si nous procédons à ce travail d'étalonnage pour différentes variables, nous pouvons alors valablement comparer les résultats obtenus par un même sujet sur ces variables. Savoir qu'un élève de math'sup a eu 15 en mathématiques et 10 en physique ne donne pas d'indication quant à la meilleure orientation possible pour lui. Être « bon en maths », c'est en fait être parmi les meilleurs puisque le but est de passer des concours ; il est donc important de situer ces performances par rapport aux autres élèves. Si l'on possède les étalonnages des performances d'un très grand nombre d'élèves à ces épreuves, on va pouvoir déterminer à quelle classe appartient chacune des performances de cet élève, et l'orientation se fera vers la discipline dans laquelle il est dépassé par le moins d'élèves.

3. Pour établir des profils psychologiques

En élargissant la méthode précédente, les tests de personnalité fournissent souvent des « feuilles de profil », véritables grilles sur lesquelles on reporte, pour chaque dimension de personnalité étudiée, l'interdécile dans lequel se trouve un sujet, compte tenu des réponses qu'il a fournies. On peut d'autre part prévoir le profil-type que l'on juge approprié à telle ou telle profession et visualiser ainsi la plus ou moins bonne ressemblance entre ces deux profils.

B - Comparer plusieurs distributions

Soit une dictée, ou un ensemble d'épreuves réalisées au début du siècle par les conscrits. On fait passer les mêmes épreuves aux nouveaux conscrits. On peut comparer les performances moyennes, mais le fait que la moyenne soit actuellement plus ou moins forte ne répond pas à toutes les questions posées quant au fameux « niveau » des Français ; en effet, la moyenne peut « monter » par une translation de la distribution, par une diminution en effectifs des très mauvaises performances, par une amélioration des performances des meilleurs, etc. Un décilage établi en 1967 sur le niveau général de performances des conscrits avait donné lieu à étalonnage en déciles. On connaissait donc les notes correspondant à chaque coupure ; par construction, il y avait 10 % des appelés dans chaque interdécile. Si l'on applique les mêmes coupures aux résultats des appelés de 1982 et si le niveau est stable, on doit toujours trouver 10 % des sujets dans chaque classe. Or, on a pu montrer qu'il n'en était rien, les classes correspondant aux plus mauvaises performances se vidant pour remplir les classes les plus fortes. (cf. Baudelot C. et Establet R., « Le niveau monte », Seuil, 1989).

C - ÉTUDIER LA CONCENTRATION D'UNE DISTRIBUTION

Si nous étudions la distribution des revenus en France, nous pouvons établir le décilage correspondant. Nous pouvons ensuite calculer, pour chaque tranche (chaque interdécile), le revenu global possédé par ces 10 % de sujets, puis le pourcentage que représente ce revenu par rapport à l'ensemble des revenus.

Soit le tableau suivant emprunté à Lepidi J. (« La fortune des français », PUF, 1988) :

interdécile	% de revenus	% cumulés
1 = revenu faible	0,7 (déficits)	- 0,7
2	2,1	1,4
3	4	5,4
4	5,7	11,1
5	7,1	18,2
6	8,6	26,8
7	10,5	37,3
8	13,1	50,4
9	16,8	67,2
10 = revenu élevé	32,8	100

Nous voyons que les 10 % des Français ayant les revenus les plus forts (interdécile n°10) concentrent sur eux plus de 30 % des revenus, que 20 % des ménages (interdéciles 9 et 10) font état de presque 50 % des revenus, et que les 30 % des ménages les moins riches (interdéciles 1, 2 et 3) ne disposent que de 5,4 % du revenu global.

Le même travail fait sur le patrimoine montre que le patrimoine est encore plus concentré que les revenus.

V - INCONVÉNIENTS DES ÉTALONNAGES EN DÉCILES

Chaque classe comportant 10 % des observations, le décilage ne permet pas de bien discriminer les observations contenues dans les interdéciles. Or l'utilisateur de tels étalons peut souhaiter posséder un outil qui discrimine mieux les extrêmes, sans avoir pour autant besoin d'une bonne discrimination des observations qui se situent au milieu de la distribution. C'est pourquoi les auteurs de tests psychologiques ont plus souvent recours à un étalonnage en classes normalisées (cf. fiche 33).

FICHE 33 ÉTALONNAGE EN CLASSES NORMALISÉES

L'allure générale d'une distribution « normale » se caractérise par sa symétrie autour de la moyenne et par la diminution régulière des effectifs au fur et à mesure qu'augmente l'écart à la moyenne (cf. fiche 28). Ces caractéristiques peuvent servir de fondements pour créer des classes dont les effectifs suivent la loi normale.

Au-delà de la simple description que cette technique permet, il suffit de substituer aux notes brutes d'origine les modalités nouvelles correspondantes pour que la nouvelle distribution soit normale.

I - LOGIQUE

Les tables de la loi normale centrée réduite permettent de déterminer le pourcentage d'observations que l'on trouve dans chaque « tranche » correspondant à un découpage particulier de l'axe des z (il ne s'agit pas d'un découpage réel, puisque l'intervalle de variation de z est infini ; on choisit certaines valeurs « remarquables » de z en sachant que l'essentiel de la variation de z se situe entre -3 et + 3). Il est d'usage de prendre un nombre impair de classes avec z = 0 comme centre de la classe centrale.

II - PROCÉDURE

La procédure reproduit la logique du quantilage (cf. fiche 32), le pourcentage d'observations contenues dans chaque classe correspondant maintenant aux caractéristiques d'une courbe normale et non à une équirépartition.

Le tableau suivant indique le pourcentage d'observations théoriquement contenues dans des classes normalisées pour les découpages les plus fréquemment utilisés de la variable z.

5 classes : 6,7% 24,2% 38,2% 24,2% 6,7%
7 classes : 4,8% 11,1% 21,2% 25,8% 21,2% 11,1% 4,8%
9 classes : 4% 6,6% 12,1% 17,5% 19,6% 17,5% 12,1% 6,6% 4%
11 classes : 3,6% 4,5% 7,7% 11,6% 14,6% 16% 14,6% 11,6% 7,7% 4,5% 3,6%.

III - REMARQUES

La normalisation transforme la distribution de départ en une distribution gaussienne. Si l'on transforme les valeurs initiales obtenues en leur substituant les valeurs de la classe correspondante et que l'on trace le polygone de fréquence de cette nouvelle distribution, on obtient une distribution normale.

IV - APPLICATION

145 étudiants ont rempli le test d'Eysenck mesurant l'extraversion et l'anxiété. Chacune de ces dimensions est testée à l'aide de 24 questions auxquelles on répond par « oui » ou par « non ». L'intervalle de variation possible est de 0 à 24 pour chaque trait de personnalité.

Imaginons que nous voulions utiliser cet échantillon comme norme pour établir une grille permettant de classer tout nouvel étudiant ultérieur. Compte tenu de l'intervalle de variation (25 modalités possibles), une grille en 5 classes est amplement suffisante.

Découper une distribution de 145 unités statistiques en 5 classes normalisées revient à s'approcher au plus près de la distribution suivante :

numéro de la classe	1	2	3	4	5
% théoriques d'observations	6,7	24,2	38,2	24,2	6,7
% théoriques cumulés	6,7	30,9	69,1	93,3	100
effectifs théoriques	9,7	35	55,4	35	9,7
eff. théor. cumulés	9,7	44,8	100,2	135,3	145

Le tableau ci-dessous indique le tri à plat pour l'anxiété, les moins mauvaises coupures, et le numéro correspondant de la classe :

note	effectifs	effectifs cumulés	%	% cumulés	numéro de classe
0	2	2	1,4	1,4	1
1	2	4	1,4	2,8	1
2	8	12	5,5	8,3	1
3	8	20	5,5	13,8	2
4	9	29	6,2	20	2
5	10	39	6,9	26,9	2
6	13	52	9	35,9	3
7	10	62	6,9	42,8	3
8	11	73	7,6	50,3	3
9	6	79	4,1	54,4	3
10	10	89	6,9	61,4	3
11	9	98	6,2	67,6	3
12	11	109	7,6	75,2	4
13	8	117	5,5	80,7	4
14	7	124	4,8	85,5	4
15	3	127	2,1	87,6	4
16	6	133	4,1	91,7	4
17	5	138	3,4	95,2	5
18	2	140	1,4	96,6	5
19	1	141	0,7	97,2	5
20	2	143	1,4	98,6	5
21	0	143	0	98,6	5
22	1	144	0,7	99,3	5
23	0	144	0	99,3	5
24	1	145	0,7	100	5

N.B. : il vaut mieux calculer les pourcentages cumulés en partant des effectifs cumulés que par additions successives.

Nous pouvons comparer la distribution théorique attendue avec celle que nous avons obtenue :

numéro de classe	1	2	3	4	5
effectif attendu	9,7	35	55,4	35	9,7
effectif obtenu	12	27	59	35	12

Le résultat obtenu est assez satisfaisant.

Nous pouvons vérifier que la transformation a bien normalisé la distribution.

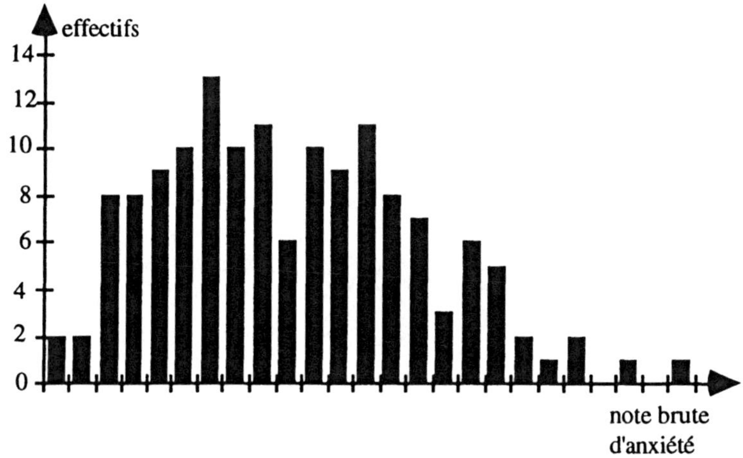

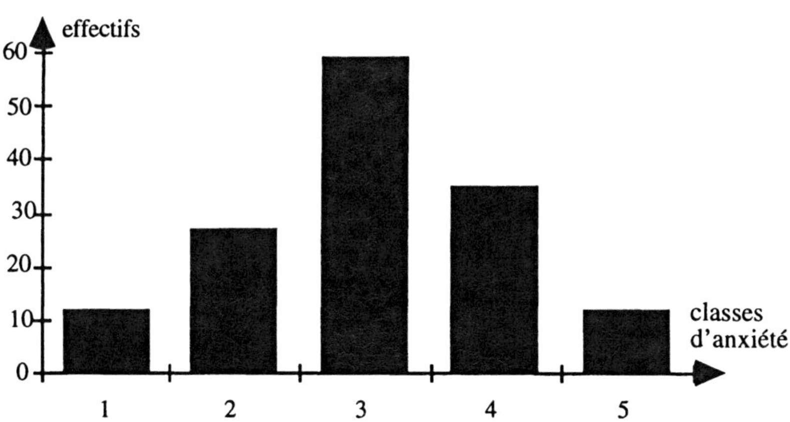

PARTIE III

ANALYSES BI-VARIÉES

Chapitre 8

Liaison - Dépendance - Relation - Covariation

Il est rare qu'un chercheur ne s'intéresse qu'à une seule variable ou à plusieurs variables prises isolément. Dans la majeure partie des cas, c'est aux relations entre plusieurs variables qu'il porte son attention.

« *Plus nombreuses sont les relations de l'objet aux autres objets, plus instructive est son étude* » (G. Bachelard. « La formation de l'esprit scientifique », Vrin, 1947).

On comprend en effet aisément que les connaissances relatives à une variable, un objet ou un thème s'enrichissent au fur et à mesure que progressent les résultats mettant en évidence les relations que cet objet d'étude entretient avec d'autres objets.

Par exemple, la variabilité des performances intellectuelles ou la diversité des intentions de vote ne deviennent intéressantes que si on peut les mettre en relation avec la variabilité concernant une autre variable : le sexe, la catégorie socioprofessionnelle, le nombre d'enfants dans la fratrie par exemple.

FICHE 34 RELATIONS STATISTIQUES : GÉNÉRALITÉS

I - QU'EST-CE QUE « METTRE EN RELATION » ?

Il importe de comprendre que « mettre en relation » deux ou plusieurs variables ne signifie pas étudier successivement ces variables. Par exemple, si un sondage nous apprend d'une part combien de sujets ont l'intention de voter pour tel ou tel candidat et, d'autre part, combien de sujets sont pour ou contre la peine de mort, nous ne pouvons en déduire dans quel électorat se recrutent plus volontiers les partisans de la peine de mort. Cette information ne peut nous être donnée que si nous savons combien de sujets ont dit ***à la fois*** qu'ils désiraient voter pour le candidat A et qu'ils étaient pour la peine de mort, combien ont dit qu'ils voteraient pour A et qu'ils étaient contre la peine de mort, etc.

II - DÉFINITIONS

1. Étudier une relation entre deux variables, c'est étudier dans quelle mesure le passage d'une modalité à une autre modalité sur une variable s'accompagne d'un changement de modalité sur l'autre variable.

Par exemple, lorsqu'on passe des électeurs de Le Pen à ceux de Chirac, est-ce que cela s'accompagne souvent de changements dans la profession exercée ou dans les réponses obtenues à des questions relatives au mariage, à l'avortement, etc. Si oui, on est en droit de penser qu'il existe une relation (un lien, une dépendance) entre le fait de voter pour l'un ou l'autre candidat et la profession exercée ou les valeurs défendues ; si non, on conclura à l'indépendance (absence de lien ou de relation) entre ces deux domaines.

2. Étudier la relation entre deux variables, c'est comparer la distribution des observations recueillies sur une variable selon les différentes modalités de l'autre.

Une autre manière de poser le problème précédent est de se demander si la distribution des professions est la même selon qu'on est électeur de Le Pen ou pas.

Il est donc nécessaire d'avoir les réponses de chaque sujet sur chaque variable ou, plus généralement, que chaque unité statistique soit le support de deux observations. On parle alors d'une *distribution bi-variée.*

On dit que l'indépendance entre 2 variables est parfaite (ou que la relation est nulle) lorsque la distribution des observations relatives à une variable est la même pour toutes les modalités de l'autre variable.

On dit que la dépendance entre 2 variables est parfaite (ou que la relation est totale) lorsque la distribution des observations relatives à une variable est strictement différente selon les modalités de l'autre variable.

III - LOGIQUE DES ANALYSES

La démarche générale de l'analyse consiste à comparer la distribution bi-variée observée avec celle que l'on devrait avoir s'il n'y avait aucune relation entre les variables, ou bien avec celle que l'on aurait si la relation était parfaite (ou bien avec les deux).

IV - APPLICATION

A - DEUX VARIABLES NOMINALES

Un ensemble de 500 personnes, soit 500 unités statistiques composé d'hommes et de femmes, ont répondu à la question suivante : « si l'on vous donnait la somme de 50 000 francs, que feriez-vous ? »,

Quatre réponses possibles leur étaient proposées :

a) acheter une voiture ;

b) faire un grand voyage ;

c) acheter des actions en bourse ;

d) changer de mobilier.

Le tableau de collecte des résultats se présente de cette manière :

numéro du sujet	V1 = sexe	V2 = réponse
001	F	b
002	F	a
003	M	a
004	M	d
005	M	b
•	•	•
•	•	•
500	F	c

On cherche s'il existe une relation entre le sexe des sujets et le type de réponse qu'ils fournissent. Autrement dit, on se demande si la distribution des réponses est la même pour les hommes et pour les femmes.

1. Nommer les variables

- variable 1 : sexe des sujets.

- variable 2 : choix exprimé par les sujets.

Il est donc nécessaire de connaître, ***pour chaque sujet*** (chaque unité statistique), son sexe ***et*** son choix.

2. Les 2 tris à plat

On peut dresser deux tableaux de tris à plat :

V1 : sexe	F	M	TOTAL
effectifs	200	300	500
pourcentages	40 %	60 %	

V2 : choix	a)	b)	c)	d)	TOTAL
effectifs	175	125	125	75	500
pourcentages	35 %	25 %	25 %	15 %	

Nous avons donc deux informations : d'une part la répartition des sujets par choix exprimé indépendamment de leur sexe ; d'autre part la répartition des sujets par sexe indépendamment de leur choix.

3. Le tri croisé

Sans autre information, il n'est pas possible de savoir si les choix exprimés par les sujets sont en relation avec leur sexe. En effet, nous avons pour chacune des deux possibilités de sexe quatre choix possibles :

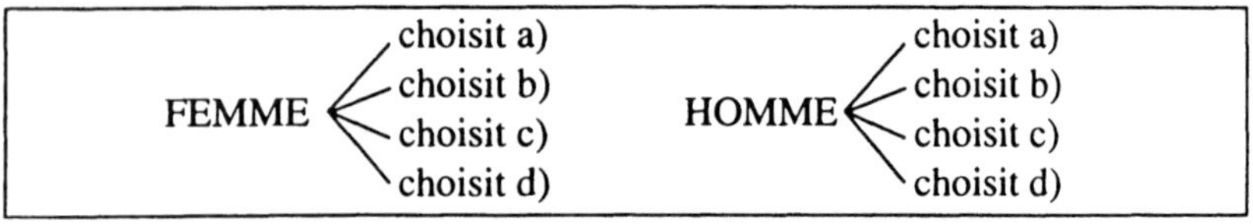

Nous avons en tout 8 combinaisons possibles (2*4)

Nous pourrons alors établir le ***tri croisé*** des deux variables qui matérialise les 8 combinaisons sous forme de cases.

		V1 réponse donnée				
		a voiture	b voyage	c actions	d mobilier	total
V2 sexe répondants	femmes	50	75	25	50	200
	hommes	125	50	100	25	300
	TOTAL	175	125	125	75	500

75 sujets sont des femmes et ont choisi "voyage"

100 sujets sont des hommes et ont choisi "actions"

Nous avons construit ***la distribution bi-variée*** des sujets selon leur sexe et leur choix.

La dernière colonne correspond au tri à plat de la variable V1 (sexe des sujets) et la dernière ligne correspond au tri à plat de la variable V2 (choix des sujets). Le tableau comporte bien 8 cases, une case par combinaison possible.

Si les choix étaient totalement indépendants du sexe, nous devrions avoir la même distribution des choix chez les femmes et chez les hommes, c'est-à-dire le même pourcentage d'hommes et de femmes à avoir choisi le voyage, le même pourcentage à avoir choisi la voiture, etc.

Si les choix dépendaient totalement du sexe, seules les femmes auraient émis certains choix et seuls les hommes en auraient émis d'autres.

L'analyse consiste alors à établir les tableaux fictifs correspondant à ces deux modèles parfaits et à évaluer l'écart existant entre ces modèles et les résultats effectivement obtenus.

B - Variables ordinales et numériques

Lorsque les deux variables étudiées sont au moins ordinales, on peut aller au-delà et se demander si, lorsqu'une des deux variables croît, l'autre croît également ou bien décroît. On étudie alors leur ***covariation*** ou leur ***corrélation***.

FICHE 35 CARACTÉRISTIQUES D'UNE RELATION

Lorsqu'on veut étudier les relations existant entre deux variables, trois caractéristiques majeures peuvent être analysées (elles sont plus ou moins pertinentes suivant que les variables sont nominales, ordinales ou d'intervalles) :
- force de la relation.
- forme de la relation.
- direction de la relation.

I - FORCE D'UNE RELATION

La force d'un lien (d'une relation) correspond au gain d'information procuré. Plus la force du lien entre deux variables est importante, plus est faible le risque de se tromper lorsque, connaissant la modalité prise par une unité statistique sur une variable, on fait un pronostic sur la modalité qu'il occupe sur la seconde variable. ***Exemple*** : si l'on sait que le sexe est très fortement lié à la réussite scolaire dans le sens d'une meilleure réussite des filles, en partant du principe que l'on sait si un élève est fille ou garçon, on pourra faire un pronostic sur sa performance avec une bonne chance de tomber juste. Si le sexe est seulement faiblement lié à cette performance, alors les chances de faire un pronostic juste sont faibles.

II - FORME

- une liaison peut être ou non monotone : une liaison est dite monotone si l'accroissement d'une variable s'accompagne d'un accroissement de l'autre (ou d'une décroissance).
- une liaison peut être ou non linéaire : une liaison est dite linéaire si elle garde le même taux d'accroissement.
- une liaison peut être

- linéaire et monotone ;
- non linéaire et monotone ;
- non linéaire et non monotone.

		relation monotone	
		oui	non
relation linéaire	oui	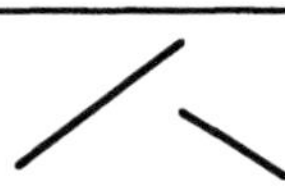	impossible
	non	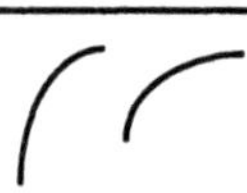	

III - DIRECTION

La liaison est-elle positive ou négative ? Si elle est monotone, une ***liaison positive*** signifie que lorsque les valeurs de la première variable sont croissantes, celles de la seconde variable le sont aussi. On dira ainsi que la taille des parents est positivement liée à celle des enfants, puisque plus les parents sont grands plus leurs enfants le sont aussi. On dira qu'il existe une ***liaison négative ou inverse*** entre la durée des études post-universitaires et le temps mis pour trouver un premier travail, pour signifier que plus est grand le nombre d'années d'étude plus est faible le temps de recherche nécessaire : la croissance des observations sur une variable s'accompagne d'une décroissance sur l'autre.

Si la relation n'est pas monotone, on peut déterminer dans quel(s) intervalle(s) elle est positive et dans quel(s) intervalle(s) elle est négative.

IV - MISES EN GARDE

A - Liaison n'est pas Causalité

Face à une liaison statistique mise en évidence entre deux variables, on a souvent tendance à envisager une relation causale entre ces variables (une variable «cause» l'autre) surtout si une variable (un événement) précède chronologiquement l'autre.

Or, plusieurs types de relations causales peuvent expliquer le lien entre deux variables A et B :

- une variable cause l'autre : A cause B ou B cause A.
- les deux variables ont une cause commune : elles sont toutes deux causées par une même troisième : le diabète est lié à l'hypertension car ces deux maladies sont liées à l'obésité ; la vente des crèmes glacées est liée à celle des lunettes de soleil parce qu'elles sont toutes deux causées par la présence du soleil.
- les deux variables sont causées, l'une par une troisième, l'autre par une quatrième, la troisième et la quatrième étant elles-mêmes liées : dans les couples, le salaire des maris est positivement corrélé avec celui de leur femme, parce que le salaire est sous l'effet du diplôme et que le diplôme des maris est positivement lié à celui de leur femme.
- il existe un intermédiaire causal : une variable cause un élément qui est lui-même cause de la deuxième variable : relation entre la présence ou l'absence d'étangs et la présence ou l'absence de paludisme expliquée par l'action des moustiques. L'obésité favorise l'hypertension, laquelle favorise les accidents cardio-vasculaires. On peut d'ailleurs broder à l'infini sur ce cas de figure en augmentant les maillons de la chaîne causale intermédiaire entre les deux variables corrélées.

Une relation, une liaison statistique n'est donc pas une condition suffisante pour parler de causalité. C'est le fait qu'une variable soit manipulée (ou provoquée) qui peut permettre d'évoquer une causalité lorsqu'on a mis en évidence une liaison statistique, c'est-à-dire un fait qui se trouve en amont des calculs statistiques et qui concerne la manière dont les données ont été produites (cf. fiche 37).

B - Liaison n'est pas concordance

On a pesé et mesuré 150 personnes et, après analyse statistique, on dit que la taille et le poids sont positivement liés. Connaissant la taille d'un sujet, on ne peut pas pour autant deviner son poids. À l'inverse, si on sait que les notes de mathématiques et les notes de physique de 150 lycéens sont parfaitement liées, certains seront amenés à penser qu'un élève qui a 15 en maths a également 15 en physique (ou une note voisine). Nous verrons que cette prédiction n'est valide que si les moyennes et les variances des deux distributions sont égales (ce qui est rarement le cas !). Si les notes attribuées par deux correcteurs aux mêmes copies sont liées, l'un a pu étaler ses notes de 0 à 12 et l'autre de 9 à 20. La concordance n'est qu'un cas particulier de liaison.

C - De la liaison à la prise de décision

Si le rôle du statisticien est d'évaluer la force d'une liaison, le chercheur, quant à lui, n'a pas fini son travail ; en effet, il peut et doit aller au-delà des calculs car, sous les chiffres manipulés, il y a une étude et le désir d'avancer dans la connaissance d'un phénomène ou d'un problème. Il n'estimera pas ce coefficient calculé en termes de « bonne » ou de « mauvaise » relation ; il posera plutôt le problème en termes de « ce coefficient me paraît-il suffisamment fort pour continuer et approfondir mes recherches dans cette direction ? ».

Parfois, un coefficient, même très faible, peut amener à poursuivre des recherches ou à prendre des décisions. Dans le domaine de la santé par exemple, trouver une relation positive peu élevée entre la présence ou l'absence d'une maladie grave et la présence ou l'absence d'une substance particulière dans la nourriture, peut pousser le législateur à interdire l'emploi de cette substance.

D - De la liaison à la prédiction

Certaines définitions de la liaison ou de la dépendance insistent sur la notion de « gain » apporté par la connaissance d'une liaison dans la capacité à prédire la modalité la plus probable prise sur une variable par une unité statistique, lorsqu'on connaît la modalité qu'elle a sur une autre variable. Sachant par exemple, d'après des recherches, que l'affiliation politique est liée à l'affiliation religieuse (et dans quel sens), la capacité à prédire le vote d'un individu connaissant son appartenance religieuse en sera améliorée.

Il y a donc 2 analyses possibles :

1) apprécier l'existence d'une liaison et/ou en évaluer la force. Les coefficients numériques correspondants seront des coefficients « symétriques », accordant des statuts équivalents aux deux variables.

2) prédire ou évaluer le gain obtenu. Les coefficients numériques correspondants ne seront pas « symétriques », et les calculs à mettre en œuvre ne seront pas les mêmes selon que l'on désire prédire les résultats à la variable 2 connaissant ceux de la variable 1, ou bien ceux de la variable 1 connaissant ceux de la variable 2.

FICHE 36 LES DIFFÉRENTS CAS DE FIGURE

Pour résumer une distribution uni-variée, certains indices sont ou non possibles, ou plus ou moins pertinents selon l'échelle de mesure utilisée (cf. Chapitre 5).

Il en est de même lorsqu'on s'interroge sur la relation entre deux variables : les méthodes et les indices statistiques pertinents pour analyser cette relation dépendent des échelles de mesure des 2 variables.

On peut distinguer 5 échelles de mesure possibles pour chacune des 2 variables considérées :

- nominale
  - 2 modalités (dichotomique)
  - plus de 2 modalités.
- ordinale
  - classes ordonnées
  - classement.
- d'intervalles (numérique).

On obtient donc plusieurs cas de figures différents possibles.

I - LES CAS LES PLUS ÉTUDIÉS

De nombreux manuels privilégient l'étude de certains cas de figure, en particulier les cas où les deux variables sont mesurées avec des instruments de mesure de même type. La table des matières de ces manuels propose parfois exclusivement le choix entre « liaison entre deux variables nominales (ou qualitative) », « liaison entre deux variables d'intervalles (ou quantitatives) » et « liaison entre une variable qualitative et une variable quantitative ». On peut à ce propos remarquer que les indices numériques de liaison et les tests statistiques inférentiels sont beaucoup plus développés pour ces cas-là.

II - L'ENSEMBLE DES CAS POSSIBLES

Le tableau suivant matérialise ce phénomène, chaque case correspondant à une combinaison possible. Certaines cases font double emploi, puisque le tableau est symétrique par rapport à sa diagonale : la liaison entre une variable d'intervalle et une variable dichotomique s'étudie numériquement de la même manière que la liaison entre une variable dichotomique et une variable d'intervalle.

		NOMINALE		ORDINALE		INTER-VALLES
		2 modalités	> 2 modalités	en classes	classement	
NOMINALE	2 modalités	1	2	3	4	5
	> 2 modalités	2	6	7	8	9
ORDINALE	en classes	3	7	10	11	12
	classement	4	8	11	13	14
INTER-VALLES		5	9	12	14	15

Nous avons indiqué un numéro dans chaque case et donnons ci-après des exemples correspondants :

1 - Lien entre sexe et échec ou réussite à un examen.
2 - Lien entre sexe et catégorie socioprofessionnelle.
3 - Lien entre sexe et salaire considéré par tranches.
4 - Lien entre sexe et classement au contrôle de maths.
5 - Lien entre sexe et note de mathématiques.
6 - Lien entre département de résidence et CSP.
7 - Lien entre section du bac et mention obtenue.
8 - Lien entre nationalité et classement au tour de France.
9 - Lien entre spécialité du service hospitalier et durée de séjour des malades.
10 - Lien entre tranches de revenus et tranches d'âge.
11 - Lien entre rang de naissance et classement de maths.
12 - Lien entre mention au bac et salaire des parents.
13 - Lien entre classement établi par un enseignant et classement établi par un test psychologique.
14 - Lien entre ordre d'arrivée au tour de France et taille en centimètres.
15 - Lien entre taille en centimètres et poids en grammes.

Remarque

Rappelons que l'on peut aussi traiter une variable dichotomique comme une pseudo-numérique (ou muette) ayant pour modalités 0 et 1.

FICHE 37 VARIABLES REPÉRÉES ET MANIPULÉES

Si l'analyse des échelles de mesure des variables est indispensable pour guider le choix des indices appropriés à l'étude de la relation entre ces variables, il est tout aussi important d'examiner les variables sous un autre aspect.

I - VARIABLES REPÉRÉES (INVOQUÉES)

L'observateur ou le chercheur n'a pas de prise sur le fait qu'un sujet soit de sexe masculin ou féminin, qu'il ait obtenu ou non une bonne note à un examen, etc. Ces caractéristiques des sujets sont indifférentes à son intervention, on dit que ces caractéristiques sont des variables repérées ou invoquées.

II - VARIABLES MANIPULÉES (PROVOQUÉES)

Dans certains cas, le chercheur introduit lui-même ce qui va caractériser chaque sujet ; c'est lui qui va faire varier la variable, qui va distribuer les sujets dans les diverses modalités de la variable.

A - EXEMPLES

Exemple 1 : on fait subir un type d'apprentissage A1 à un groupe de sujets, et un autre apprentissage A2 à un autre groupe de sujets. La variable « apprentissage » a donc deux modalités A1 et A2, et le fait qu'un sujet soit caractérisé par A1 ou A2 relève de la maîtrise du chercheur.

Exemple 2 : on veut tester l'efficacité d'un médicament. On peut décider que certains malades vont prendre ce médicament et pas d'autres ; l'affectation des malades à l'une ou l'autre modalité ne doit en rien dépendre des malades.

Exemple 3 : un chercheur peut faire en sorte que certains sujets voient un film présentant une personne aveugle, alors que, pour d'autres, cette personne sera en fauteuil roulant, et que d'autres enfin verront cette personne valide.

Dans ces cas, les caractéristiques des sujets (avoir ou non pris des médicaments, etc.) sont appelées variables ***manipulées*** ou ***provoquées***. Le but du chercheur est d'étudier l'effet, les conséquences de sa manipulation sur une (ou plusieurs) variables repérées, par exemple la performance des sujets selon le type d'apprentissage, le délai de guérison des malades selon qu'ils ont ou non pris un médicament, la perception de la personne présentée dans le film selon le mode de présentation, etc.

B - Intérêt de la manipulation

Lorsque le chercheur manipule une variable, il tente de faire en sorte que les sujets des différents groupes se ressemblent sur tous les points hormis celui qu'il manipule. On parle du principe de ***« toutes choses égales par ailleurs »***. La répartition aléatoire (au hasard) des sujets dans l'une ou l'autre modalité de la variable est une bonne garantie ; le chercheur peut également ***contrôler*** certaines variables dont il veut s'assurer qu'elles ne vont pas venir interférer avec le phénomène qui l'intéresse : en maintenant constants la température de la pièce et son éclairage, en prenant seulement des sujets féminins pour l'ensemble de sa recherche, etc.

Cette technique permet de s'assurer que l'écart ou la différence obtenue entre les différents groupes est bien à mettre sur le compte de la manipulation opérée.

Le fait de « repérer » ou de « manipuler » des variables a donc des répercussions sur les conclusions que le chercheur peut tirer de ses résultats : simple relation observée dans un cas, imputation causale dans l'autre.

C - Remarques

1) Le fait d'être « repérée » ou « manipulée » n'est pas un critère intrinsèque à une variable. On pourrait très bien en effet, pour étudier l'action d'un médicament, « repérer » des personnes qui prennent ce médicament et d'autres qui ne le prennent pas. Mais le fait de « manipuler » cette caractéristique offre des garanties quant aux autres variables qui pourraient venir interférer avec celle dont on veut isoler l'action. Par exemple, il pourrait s'avérer que les personnes qui prennent ce médicament sont celles qui croient à son effet bénéfique, et que cette croyance ait une influence sur la guérison. Il sera dès lors impossible de savoir quelle est l'action propre du médicament sur la guérison, indépendamment de la croyance.

2) Lorsque le chercheur repère des variables, il peut prendre tous les sujets qui se présentent ou bien sélectionner, trier, ceux qui correspondent à certaines modalités de la variable. Par exemple, il peut s'intéresser uniquement aux personnes âgées de 20 à 30 ans et à celles de plus de 65 ans, ou bien aux sujets ayant un niveau d'étude BEPC et à ceux ayant fait quatre années d'études supérieures, constituant ainsi des groupes « contrastés ». Ces variables n'en acquièrent par pour autant le statut de variables manipulées.

3) Certaines variables ne peuvent être que repérées : le sexe, l'âge, le niveau socio-économique... On appelle parfois ces variables des variables d'« état ». Il peut également arriver que des raisons éthiques interdisent la manipulation d'une variable : on ne peut obliger certains sujets à fumer et l'interdire à d'autres ; la variable « tabagisme » ne peut donc qu'être repérée chez l'homme (alors qu'on peut la manipuler chez l'animal).

FICHE 38 VARIABLES INDÉPENDANTES ET DÉPENDANTES

I - VARIABLES INDÉPENDANTES ET DÉPENDANTES

Une distinction importante que l'on peut opérer entre variables consiste à distinguer des variables ***« indépendantes »*** et des variables ***« dépendantes »***.

Cette distinction a été introduite dans le cadre d'une psychologie expérimentale calquée, dans ses méthodes, sur les sciences exactes. Dans cette optique, c'est la manipulation de variables qui prévaut ; le chercheur « provoque » et enregistre les effets de son action. On distingue un « avant » et un « après », par extension un état initial et un état final.

- Toutes les conditions initiales, qu'il s'agisse de caractères repérés, de caractères manipulés ou de caractères contrôlés, sont appelées « variables indépendantes ».
- La (ou les) conduite(s) étudiée(s) devient « variable dépendante », dépendante de l'action de la variable indépendante.

Remarques

1) Cette manière de décrire les différentes étapes d'une recherche en psychologie n'est pas sans rappeler le schéma behavioriste S— > R, le stimulus constituant la variable indépendante et la réponse étant la variable dépendante.

2) Cette terminologie présente le grand défaut d'utiliser les termes « dépendance » et « indépendance » dans un contexte qui n'a pas de rapport avec la notion de dépendance mathématique ou statistique ; elle est cependant encore très employée.

II - LA NOTION DE FACTEUR

Certains statisticiens, mettant l'accent sur les plans de recueil des données, utilisent la notion de « facteur » plutôt que celle de variable indépendante. Dans le cadre de cette planification, le facteur désigne l'ensemble des modalités d'une variable qui sont choisies pour déterminer les diverses conditions dans lesquelles on va enregistrer la variable dépendante. On formule l'hypothèse que ce facteur a un effet sur la variabilité de la conduite qu'on étudie : le facteur est source de variation systématique sur la variable dépendante.

A - EXEMPLE

On cherche à mettre en évidence un lien entre le moment où l'on donne un médicament après la survenue d'un infarctus du myocarde et la réduction de la taille de l'infarctus après 72 heures ; on peut choisir 2 modalités particulières de la variable « moment d'administration » : ≤ une heure (c'est-à-dire très rapidement), ≥ 3 heures. Ces deux modalités définissent le facteur temps (on peut bien sûr choisir plus de 2 modalités). On constitue ainsi 2 groupes de sujets, et l'on peut subdiviser chacun de ces groupes en sous-groupes en introduisant par exemple le facteur sexe. Cette planification du recueil de données permet ensuite d'étudier l'« effet » de ces facteurs et de leurs combinaisons sur la (ou les) variable(s) dépendante(s). Cette terminologie, bien appropriée dans le cadre de l'expérimentation, induit l'idée d'une causalité même si le facteur n'est pas manipulé.

B - REMARQUES

L'expression ***« pseudo-facteur »*** (Hoc J.M.,1983) a été proposée pour parler de variables indépendantes dont les modalités ne sont que repérées : sexe, catégorie socioprofessionnelle, etc., mais on continue néanmoins à parler de l'« effet » du sexe ou de l'âge.

Il est utile de s'interroger sur la pertinence de la ***sélection des modalités*** du facteur. Le nombre de modalités choisies est en effet nécessairement limité, et lorsque la variable sous-jacente peut se mesurer sur une échelle d'intervalle, les modalités du facteur sont en fait des classes dont les limites peuvent sembler arbitraires s'il n'existe pas de théorie ou de résultats antérieurs pour guider le découpage du champ de variation possible de cette variable. Comment par exemple choisir les bornes des tranches d'âge qui constitueront les modalités du facteur, ou les bornes des catégories de revenus ? On constate que les chiffres « ronds » sont souvent utilisés comme bornes pour des raisons qui semblent plus relever de la magie que de la théorie.

FICHE 39

VARIABLES EXPLICATIVES ET À EXPLIQUER, RÉGRESSANTES ET RÉGRESSÉES

I - VARIABLES EXPLICATIVES ET À EXPLIQUER

Certains auteurs insistent, pour leur part, sur une autre distinction, et parlent de variables ***« explicatives »*** et de variables ***« à expliquer »***.

Cette formulation a l'avantage de permettre la mise en évidence des statuts non symétriques que peuvent avoir des variables repérées, sans pour autant se référer à un schéma expérimental strict et à la notion d'« effet ».

A - EXEMPLE :

Imaginons que nous nous intéressions aux liens entre le tabac et certaines maladies comme le cancer du poumon ou l'artérite des membres inférieurs. Les liens que nous postulons ne sont pas réciproques. Nous ne pensons pas en effet que le cancer puisse avoir une incidence sur le tabagisme. Cependant, si nous voulons établir une causalité stricte entre ces variables, seule l'expérimentation animale peut le permettre puisque, dans ce cas, le chercheur peut manipuler la variable « tabac » en déterminant les animaux qui vont appartenir à la modalité « fumeur » et ceux qui seront « non fumeurs ».

Chez l'homme, le taux de tabagisme ne peut être que repéré, et les relations observées ne pourront pas permettre d'établir une causalité stricte. En effet, les deux variables peuvent se trouver liées entre elles parce qu'elles sont chacune liées à une même troisième, l'anxiété par exemple. Si tel est le cas, la suppression du tabac pourrait n'avoir aucun impact sur la diminution des cancers.

Il peut donc sembler judicieux de ne pas utiliser le vocable « variable indépendante/variable dépendante » dans ce dernier cas, tout en montrant que le problème auquel on s'intéresse, ce que l'on cherche à expliquer, c'est bien le taux de cancer, le tabac étant une variable explicative, par hypothèse.

On peut juger, dans cette dernière terminologie, que le mot « explicatif » est utilisé de manière abusive ; en effet, la mise en évidence d'une relation entre deux variables n'est en elle-même nullement explicative ; elle ne peut rien dire sur le « pourquoi » ou le « comment » de la relation.

B - Le facteur de risque comme variable explicative

L'expression ***« facteur de risque »*** est souvent utilisée à la place de « variable explicative », en particulier dans le domaine médical. Le mot « risque » pouvant faire référence soit au domaine des probabilités et à la liaison statistique mise en évidence, soit à un danger prévisible ; l'utilisation de cette expression dans d'autres contextes, sociologique notamment, « risque » bien d'aller au-delà de la simple description d'un lien.

II - VARIABLES RÉGRESSÉES ET RÉGRESSANTES

Devant toutes ces difficultés terminologiques, certains ont proposé les termes de variables ***« régressée »*** et ***« régressante »***, par extension de la notion de « régression » (cf. fiche 50). Cette terminologie qui reste donc exclusivement statistique ne semble pas être actuellement très utilisée, peut-être dans la mesure où, vocabulaire technique, elle ne peut être détournée par le sens commun qui trouve toujours anormal de ne pas comprendre les résultats de recherches qui concernent « l'homme » et « la société ».

Chapitre 9

Liaison entre une variable mesurée sur une échelle nominale et une variable mesurée sur une échelle d'intervalles Comparaison de groupes

FICHE 40 COMPARAISON DE GROUPES : GÉNÉRALITÉS

I - PRÉSENTATION GÉNÉRALE

Étudier la relation entre une variable mesurée sur une échelle nominale et une variable mesurée sur une échelle d'intervalles, c'est regarder si, lorsqu'on passe d'une modalité à une autre de la variable nominale, cela s'accompagne d'une différence dans la distribution des observations recueillies sur la variable d'intervalle pour les unités statistiques correspondantes.

Exemple :

Étudier la relation entre le sexe et la vitesse à la course à pied, c'est regarder si, lorsqu'on passe de la modalité « homme » à la modalité « femme » de la variable « sexe », on observe une différence entre les distributions correspondantes des observations relatives à la variable « vitesse ».

II - LIAISON ET COMPARAISON

Quand nous parlons de différence dans les distributions observées, cela ne concerne pas les distributions de chaque variable mais celles établies pour une même variable, la variable numérique, selon que les unités statistiques appartiennent à l'une ou l'autre modalité de la variable nominale.

Cette problématique est souvent verbalisée en termes de « comparaison » de groupes ou de « différence » entre groupes plutôt qu'en termes de « relation » ou « liaison » entre variables.

Exemple :

Plutôt que de dire que l'on cherche à mettre en évidence une relation entre le sexe des sujets et leur performance, on peut dire : « on va comparer les performances à la course à pied des hommes et des femmes » ou « on va étudier la différence entre les hommes et les femmes à propos de la course à pied ».

Les trois manières de présenter le problème sont bien sûr équivalentes, tant au niveau conceptuel qu'au niveau des procédures statistiques utilisées.

III - LA MÉTHODE INTUITIVE ET SES PIÈGES

La fréquence avec laquelle toute personne pose des questions de comparaison ou de différence entre groupes est telle, qu'il n'est pas besoin d'être un statisticien averti pour avoir une idée de la méthode à utiliser pour y répondre : très « spontanément ». Soit à comparer les performances à la course des hommes et des femmes ; vous faites la moyenne du temps mis par les femmes et la moyenne du temps mis par les hommes, et vous regardez si l'une est inférieure ou supérieure à l'autre afin d'énoncer un résultat du type :

« les femmes sont moins rapides que les hommes ».

En fait, vous devriez dire :

« les femmes, représentées par la moyenne arithmétique de leurs performances, sont inférieures aux hommes, représentés par la moyenne arithmétique de leurs performances en ce qui concerne la vitesse à la course à pied ».

Ceci vous amènerait alors,

- à mieux saisir qu'il y a bien deux variables en jeu ;

- à remarquer qu'un seul aspect des distributions a été retenu : un indice de « tendance centrale »; on a donc masqué la diversité des performances à l'intérieur des groupes ;

- à vous interroger sur la pertinence de l'indice choisi : la « moyenne ».

Une analyse plus fouillée s'avère donc nécessaire.

IV - GROUPES INDÉPENDANTS/GROUPES APPAREILLÉS

Dans les exemples que nous avons traités dans le chapitre 9, chaque unité statistique avait donné lieu à 2 observations, une par variable. Dans certaines recherches, les mêmes unités statistiques apparaissent dans les différentes modalités de la variable nominale.

A - UN PROBLÈME DE RECHERCHE

Soit un chercheur qui s'intéresse aux attitudes vis-à-vis des personnes handicapées physiques. Il se demande si le fait d'être scolarisé avec des enfants en fauteuil roulant modifie ces attitudes. Après une phase de recherches théoriques, il élabore une échelle d'attitude dont la note (de 0 à 10) permettrait d'évaluer la plus ou moins grande « favorabilité » des attitudes. Il cherche donc à mettre en évidence la relation entre la variable « contact scolaire » et la variable « favorabilité des attitudes ». Imaginons qu'il considère que la première variable puisse avoir seulement 2 modalités « présence de contact »/« absence de contact » (le problème est en fait plus complexe), il a plusieurs moyens de structurer son recueil (sa production) de données sur cette variable.

B - 3 PLANS DE RECUEIL DE DONNÉES

1. plan 1

Il fait passer son questionnaire à 100 enfants valides qui sont dans un établissement ne scolarisant pas d'élèves handicapés, et à 100 autres enfants dont l'établissement accueille des enfants en fauteuil roulant (donc dans leur classe). La variable « contact » est alors repérée (on ne sait pas trop les raisons qui font que les enfants valides se trouvent dans l'un ou l'autre établissement), et chaque enfant n'appartient qu'à une modalité de cette variable.

2. plan 2

Il utilise la carte scolaire ou tout autre procédure « autoritaire » pour répartir 200 enfants valides dans les 2 établissements. La variable « contact » est cette fois manipulée, mais chaque enfant n'appartient toujours qu'à une seule de ses modalités.

3. plan 3

Il fait passer le questionnaire à un groupe de 100 enfants juste avant leur arrivée dans l'établissement mixte ; ces enfants appartiennent alors à la modalité « sans contact » ; au bout de quelques mois, il reprend ces mêmes enfants qui vont alors se trouver dans la modalité « avec contact ».

C - TRAITEMENT DES RÉSULTATS

1. Plans 1 & 2

Dans les deux premières situations, on dispose de 200 questionnaires issus de 200 unités statistiques. ***On dit que les observations sur la variable « attitude » sont indépendantes les unes des autres***.

V1 = type de contact
- échelle nominale à deux modalités « avec » / « sans »
- variable repérée (plan 1) manipulée (plan 2) (indépendante, explicative)

V2 = attitude
- échelle numérique
- variable repérée (dépendante, à expliquer).

Les résultats seront traités comme nous l'avons fait jusqu'ici : tri croisé des 200 enfants selon leur appartenance à l'une ou l'autre des modalités « contact », et selon la note obtenue au questionnaire d'attitudes, etc. Le fait que la variable nominale soit repérée ou manipulée interviendra seulement au niveau des conclusions (relation ou effet).

2. Plan 3

La troisième situation est différente : le chercheur dispose bien de 200 questionnaires remplis, mais il n'a que 100 unités statistiques, chacune d'elles ayant rempli le questionnaire à deux reprises, une fois « sans contact » et une fois « avec contact ». On a appliqué le même instrument de mesure aux mêmes sujets à deux moments différents. On dit que les observations sur la variable « attitude » sont appareillées ou appariées.

Nous avons défini l'étude des relations comme l'étude de ce qui se passe sur une variable lorsqu'on change de modalité sur l'autre variable. Jusqu'alors, nous avons dû tenir compte des distributions, établir des indices moyens, etc. Maintenant, nous pouvons nous placer au niveau intra-individuel ; en effet, chaque élève a changé de modalité pour la variable « contact », et nous pouvons alors lire directement le changement qui s'est produit pour lui sur la variable « attitude ».

Création d'une variable dérivée

Nous allons créer une variable « changement d'attitude » qui sera la différence entre la note d'attitude finale et la note d'attitude initiale. Le signe indiquera, pour chaque sujet, si son attitude est devenue plus « positive », plus « négative » ou « inchangée », l'amplitude du changement étant mesurée par la valeur numérique de la différence. Nous n'avons plus alors qu'une seule variable que nous analyserons de la manière habituelle : la moyenne et son signe indiqueront le sens global du changement et son amplitude.

V3 = changement d'attitude
- échelle numérique (- 10...............+ 10)
- variable repérée

Cette dernière méthode est, à proprement parler, la seule méthode pertinente pour évaluer quelque chose qui est de l'ordre du « changement » ; si l'on s'intéresse à un changement, il faut alors essayer de se donner les moyens d'étudier cette variable en tant que telle, c'est-à-dire au niveau intra-individuel. Si cette méthode ne peut être utilisée (pour des raisons pratiques ou éthiques), on ne doit pas alors conclure à du changement mais seulement à une « différence avec/sans » ou à une « différence avant/après ».

Autre question posée

La troisième situation permet également de se demander – ***mais il s'agit d'une autre question*** – s'il existe une relation entre les attitudes avant contact et les attitudes après contact.

Dans la phase « avant », les sujets n'obtiennent pas tous la même note sur l'échelle d'attitude, ils se classent en plus ou moins favorables ; dans la phase « après », il en est de même. On peut alors se demander s'il existe une liaison entre ces deux classements, indépendamment du fait que les attitudes moyennes aient ou non été modifiées.

Ceci revient à étudier la relation entre deux nouvelles variables :

V4 = attitudes « avant »

- échelle numérique (0.........10)
- variable repérée.

V5 = attitudes « après »

- échelle numérique (0.........10)
- variable repérée.

Il s'agit bien d'un autre cas de figure qui est traité chapitre 10.

FICHE 41 COMPARER DES GROUPES INDÉPENDANTS : DÉMARCHE

I - EXEMPLE 1

A - Poser la problématique

Il s'agit des résultats à un questionnaire permettant d'attribuer aux sujets testés une note d'anxiété, l'anxiété étant caractérisée par « tension, irritabilité, manque de confiance en soi » ; cette échelle d'anxiété a été remplie par 800 sujets « normaux » G_n et par 60 sujets atteints, selon des psychiatres, d'« hystérie d'angoisse » G_a.

Il faut entendre par sujets « normaux » des sujets tout-venant (et non pas des sujets ayant été déclarés normaux) ; le diagnostic des psychiatres concernant les autres sujets n'étant pas remis en cause, la question posée est de savoir si le test permet bien de discriminer les sujets pathologiques des sujets normaux ; on s'attend à ce que la distribution des notes au test des sujets pathologiques soit différente de celle des sujets normaux.

B - Formuler les hypothèses

L'indépendance totale : dire qu'il n'y a aucun lien entre l'état psychique et la note au test, c'est dire que la distribution des notes est strictement semblable chez les sujets normaux et chez les sujets souffrant d'une hystérie d'angoisse.

La dépendance totale : dire qu'il y a une relation parfaite entre l'état psychique et la note au test, c'est dire qu'aucun sujet normal n'a obtenu une note identique à celle d'un sujet pathologique.

C - Décrire les variables

Le problème posé peut se formuler de la manière suivante :

Nous avons 860 unités statistiques ayant fourni des observations sur deux variables dont nous cherchons les relations :

V1 = état psychique
- échelle nominale à 2 modalités : normal/angoissé
- variable repérée (indépendante, explicative)

V2 = note au test

- échelle numérique à 15 modalités
- variable repérée (dépendante, à expliquer)

D - Préparer le tableau de recueil de données

Le tableau de recueil de données se présente de la manière suivante :

identificateur	V1 = état psychique n = normal a = angoissé	V2 = note au test 0- > 70
001 002 . . 860		

Chacune des 860 unités statistiques est le support de 2 observations : son état psychique et sa note au test.

Nous avons donc, en tout, 860 * 2 = 1 720 observations.

E - Faire le Tri croisé

Nous procéderons au tri croisé (ou à la ventilation) de ces 1 720 observations en répartissant les 860 observations contenues dans V2 suivant leur appartenance à V1. Ceci revient à faire une double distribution d'effectifs : celle des sujets normaux et celle des sujets angoissés pour la variable numérique « note au test ».

V2 = note au test

		0	5	10	15	20	25	30	35	40	45	50	55	60	65	70	Total
V1	Gn	5	20	50	95	135	145	130	90	55	35	20	15	5	0	0	800
	Ga	0	0	0	0	2	6	4	6	6	13	8	4	6	3	2	60
	total	5	20	50	95	137	151	134	96	61	48	28	19	11	3	2	860

95 sujets normaux ont eu 15 au test

Remarquons que nous retrouvons en bout de lignes le tri à plat de la variable V1, et en bout de colonnes, le tri à plat de la variable V2.

II - EXEMPLE 2

A - POSER LA PROBLÉMATIQUE

On a réparti au hasard 60 sujets ne parlant pas l'anglais dans 3 groupes :

- 20 sujets suivent un apprentissage d'anglais écrit ;
- 20 sujets suivent un apprentissage avec cassettes audio ;
- 20 sujets vont en laboratoire de langue.

Au bout de 6 mois, ils passent une épreuve d'anglais.

On se demande si le niveau d'anglais obtenu au bout de 6 mois est lié au type d'apprentissage de la langue.

B - FORMULER LES HYPOTHÈSES

On cherche s'il existe une différence entre les sujets suivant le type d'apprentissage reçu. Autrement dit, on veut comparer les résultats des sujets ayant eu un apprentissage écrit, à ceux ayant eu un apprentissage audio, et à ceux ayant suivi le laboratoire.

Si cette hypothèse est totalement démentie, la distribution des notes sera strictement la même dans les trois groupes.

Si cette hypothèse est strictement vérifiée, les trois groupes seront strictement différents.

C - DÉCRIRE LES VARIABLES

Nous avons 60 unités statistiques ayant fourni des observations sur deux variables dont nous cherchons les relations

V1 = type d'apprentissage
- échelle nominale à 3 modalités
- manipulée (indépendante, explicative).

V2 = note obtenue à l'épreuve
- échelle numérique (0........10)
- repérée (dépendante, à expliquer).

D - PRÉPARER LE TABLEAU DE RECUEIL DE DONNÉES

Ce tableau comportera 60 lignes et 2 colonnes.

numéro	type d'apprentissage a = écrit b = audio c = labo	note obtenue
01		
02		
03		
.		
60		

E - FAIRE LE TRI CROISÉ

		V2 = note											
		0	1	2	3	4	5	6	7	8	9	10	Total
V1	apprent. écrit Ge	1	2	2	5	4	3	1	1	1	0	0	20
V1	apprent. audio Ga	0	0	1	4	2	3	2	1	1	3	3	20
V1	apprent. labo Gl	0	4	2	2	1	0	1	6	4	0	0	20
	total	1	6	5	11	7	6	4	8	6	3	3	60

On trouve, en bout de lignes, le tri à plat de V1, et en bout de colonnes, celui de V2.

FICHE 42 COMPARER DES GROUPES INDÉPENDANTS : REPRÉSENTATIONS GRAPHIQUES

Diverses procédures graphiques sont intéressantes lorsqu'il s'agit d'analyser les relations entre une variable nominale et une variable numérique, c'est-à-dire lorsqu'on veut comparer plusieurs groupes pour une même variable numérique.

Attention, il n'est question ici que des diagrammes faisant correspondre des effectifs (ou leurs dérivés) à des modalités de variable (des mesures).

- diagrammes en bâtons (ou histogrammes) côte-à-côte ou tête/bêche ou avec des couleurs différentes pour analyser le recouvrement des distributions.
- si la variable nominale est dichotomique : diagramme en bâtons de la différence d'effectifs (ou de pourcentages) pour chaque modalité de la variable numérique.
- polygones des pourcentages cumulés sur le même graphique.
- graphique boîtes et moustaches côte à côte.

Les 3 premiers graphiques sont surtout intéressants si les modalités de la variable d'intervalles ne sont pas trop nombreuses.

I - HISTOGRAMMES CÔTE À CÔTE

La logique consiste à construire des diagrammes visualisant la distribution de l'ensemble des effectifs pour la variable d'intervalles (cf. chapitre 4) tout en utilisant un procédé qui permette de différencier visuellement les observations selon leur appartenance à l'une ou l'autre modalité de la variable nominale.

Reprenons l'exemple 1 de la fiche précédente.

Dans la mesure où les effectifs globaux des observations relatives aux deux modalités de la variable nominale sont différents, nous ne pourrons pas comparer directement les distributions d'effectifs. Il est donc nécessaire de transformer ces effectifs en pourcentages (arrondis) :

	0	5	10	15	20	25	30	35	40	45	50	55	60	65	70	Total
Gn	5	20	50	95	135	145	130	90	55	35	20	15	5	0	0	800
%	1	2	6	12	17	18	16	11	7	4	2	2	1	0	0	
Ga	0	0	0	0	2	6	4	6	6	13	8	4	6	3	2	60
%	0	0	0	0	1	10	7	10	10	22	13	7	10	5	1	

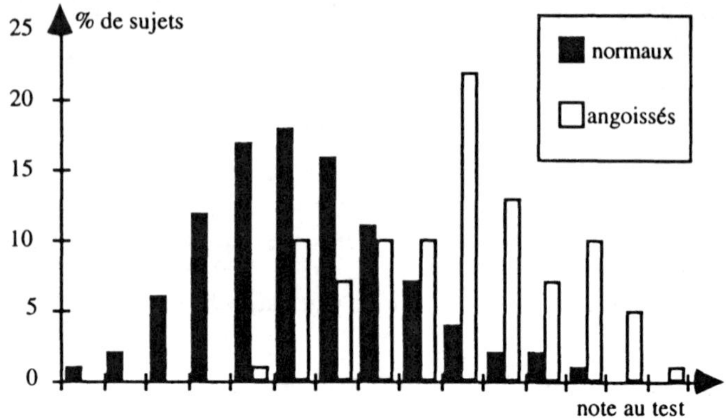

Nous pouvons constater que les deux distributions ont une forme qui se rapproche d'une forme « en cloche », surtout celle des sujets normaux, l'autre étant plus accidentée, la cloche des sujets pathologiques étant décalée vers les notes fortes d'anxiété.

Nous constatons néanmoins un grand recouvrement des distributions : certains sujets normaux ont des notes au test supérieures à celles obtenues par certains sujets pathologiques.

Sur ce graphique, nous pouvons dire que nous ne sommes ni dans un cas de relation parfaite (les deux histogrammes sont différents), ni dans un cas de totale indépendance (les deux histogrammes se recouvrent partiellement) ; nous sommes dans une dépendance relative, dans une « certaine » relation entre les notes obtenues au test et l'état psychique des sujets (pour une attitude moins contemplative, nous utiliserons ultérieurement des arguments numériques).

Le recouvrement des 2 distributions indique que le test ne peut se substituer à l'avis des psychiatres (ni réciproquement), puisque un certain nombre de sujets, diagnostiqués comme présentant une hystérie d'angoisse, ont obtenu au test des notes semblables à celles de sujets normaux ; de la même manière, des sujets non diagnostiqués ont eu des scores très élevés.

II - DIAGRAMME DES DIFFÉRENCES DE POURCENTAGES

On peut matérialiser encore mieux les différences de hauteur des rectangles du précédent diagramme en calculant la différence de pourcentage de sujets pour chaque modalité de la variable numérique (ceci n'est possible que si la variable nominale ne comporte que deux modalités).

note	0	5	10	15	20	25	30	35	40	45	50	55	60	65	70
Ga (%)	1	2	6	12	17	18	16	11	7	4	2	2	1	0	0
Gn (%)	0	0	0	0	1	10	7	10	10	22	13	7	10	5	1
différence	1	2	6	12	16	8	9	1	-3	-18	-11	-5	-9	-5	-1

Traçons ce diagramme

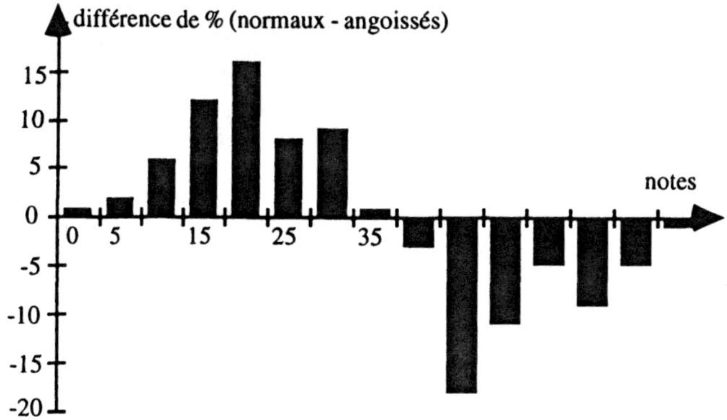

Ce graphique met bien en évidence que, jusqu'à la note 35, on trouve plus de sujets normaux que de sujets pathologiques (en %), tendance qui s'inverse ensuite.

III - POLYGONES DES POURCENTAGES CUMULÉS

Une autre manière d'analyser graphiquement la relation entre santé psychique et note au test d'anxiété consiste à tracer les polygones des effectifs cumulés, ou des pourcentages cumulés si les effectifs sont différents.

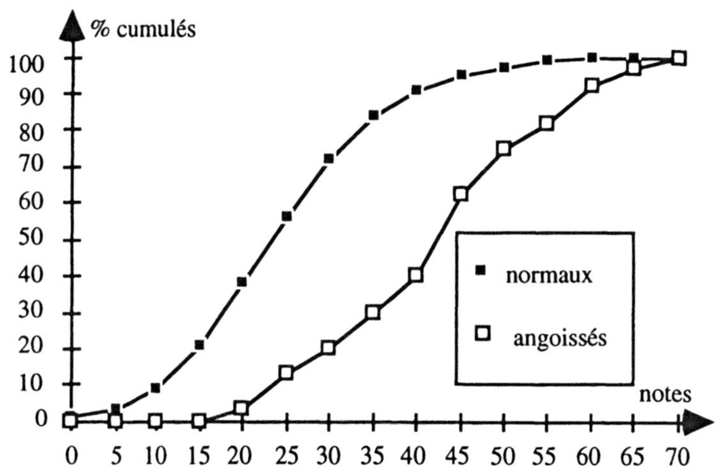

On voit que, en suivant l'ordre croissant des notes, on a très rapidement un pourcentage important de sujets pour le groupe « normaux » : plus de 70 % ont une note égale ou inférieure à 30, alors qu'il faut attendre la note 50 pour observer un tel pourcentage dans l'autre groupe.

IV - GRAPHIQUES DE TYPE « BOÎTE ET MOUSTACHES »

Les graphiques de type « boîte et moustaches » apportent beaucoup d'informations visuelles sur les grandes caractéristiques de dispersion et de centralité des distributions ; nous pouvons donc tracer les graphiques correspondant aux différents groupes côte à côte ou les uns au-dessous des autres.

Dans l'exemple que nous avons pris, les coupures correspondant aux quartiles sont difficiles à déterminer simplement. Soit on renonce à ce type de graphique pour ces distributions, soit on accepte de faire des interpolations linéaires (cf. fiches 18 et 21).

Rappelons que les notes obtenues sont considérées comme étant les valeurs centrales de classes contiguës :

Nous obtenons pour les sujets normaux :

Q1 = 17.5 + (5 x 30)/135 = 18.6
Q2 = 22,5 + (5 x 95)/145 = 25,8
Q3 = 32,5 + (5 x 20)/90 = 33,6

Même chose pour les sujets pathologiques :

Q1 = 32,5 + (5 x 3)/6 = 35
Q2 = 42,5 + (5 x 6)/13 = 44,8
Q3 = 47,5 + (5 x 8)/8 = 52,5

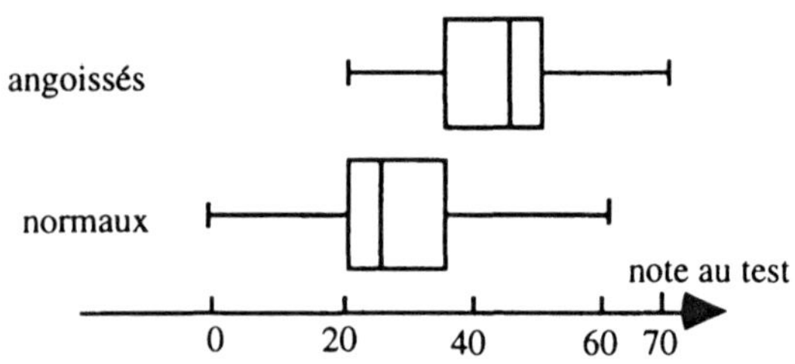

Nous voyons très nettement le décalage de la boîte vers les notes fortes pour le groupe pathologique. Nous pouvons également constater que le dernier quartile des normaux est inférieur au premier quartile de l'autre groupe : 75 % des sujets normaux ont une note d'anxiété inférieure ou égale à celle de 75 % des sujets pathologiques.

De la même manière, on pourrait faire un graphique en prenant comme indices, non pas la médiane et les quartiles de chaque groupe, mais leur moyenne et leur écart-type.

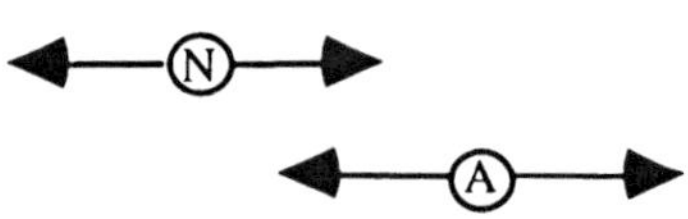

normaux : moyenne = 26,6 écart-type = 11,4.

pathologiques : moyenne = 44,3 écart-type = 12,8.

Ce type de graphique donne moins d'informations que le précédent sur la variabilité des observations, puisque l'écart-type est un indice de dispersion « moyen » symétrique autour de la moyenne.

FICHE 43

COMPARER DES GROUPES INDÉPENDANTS : ÉVALUATIONS NUMÉRIQUES

Il existe différentes manières d'analyser numériquement la relation entre une variable nominale et une variable numérique d'intervalle.

I - COMPARAISON DE MOYENNES

Reprenons l'exemple 2 de la fiche 41.

			V2 = note											
			0	1	2	3	4	5	6	7	8	9	10	Total
V1	apprent. écrit	Ge	1	2	2	5	4	3	1	1	1	0	0	20
	apprent. audio	Ga	0	0	1	4	2	3	2	1	1	3	3	20
	apprent. labo	Gl	0	4	2	2	1	0	1	6	4	0	0	20
	total		1	6	5	11	7	6	4	8	6	3	3	60

En suivant la méthode la plus habituelle, nous pouvons calculer la moyenne des notes dans chaque groupe formé par les modalités de la variable nominale.

moyenne de Ge = 73/20 = 3,65

moyenne de Ga = 121/20 = 6,05

moyenne de Gl = 98/20 = 4,9

Nous pouvons constater que la note moyenne obtenue est différente suivant le type d'apprentissage, ou qu'il existe, pour ces 60 sujets, une relation entre leur note et le type d'apprentissage auquel ils ont été soumis ; dans la mesure où la variable « apprentissage » a été manipulée, on peut même aller plus loin et conclure que le type d'apprentissage de l'anglais imposé aux 60 sujets a eu un effet sur leurs performances moyennes au bout de 6 mois.

Nous pouvons « classer » les méthodes d'apprentissage :

scores moyens obtenus —> Ga > Gl > Ge.

Dans cet exemple numérique, si les groupes étaient constitués en « équipes » – les notes attribuées correspondant par exemple à des rémunérations pécuniaires que les équipes auraient à se partager – le calcul de la moyenne aurait alors un sens très précis : les sujets appartenant au groupe Ga recevraient chacun une récompense supérieure aux autres.

II - ÉCARTS À LA MOYENNE GÉNÉRALE

Calculons la moyenne générale des 60 sujets (attention, il ne faut faire de moyenne des moyennes que si les effectifs des 3 groupes sont semblables).

Mgénérale = Mg = (73 + 121 + 98)/60 = 4,87

Si le type d'apprentissage n'avait pas eu d'effet sur le niveau moyen, les 3 groupes auraient dû avoir la même moyenne, c'est-à-dire 4,87.

Calculons l'écart de chaque groupe par rapport à cette moyenne :

$\bar{x}e - Mg = -1.22$
$\bar{x}a - Mg = + 1.18$
$\bar{x}l - Mg = + 0.03$
Quand on passe de la modalité « audio » à la modalité « labo » et à la modalité « écrit », les notes moyennes au test d'anglais changent. Le changement opéré sur les modalités d'une variable s'accompagnent d'un changement sur l'autre variable.

Nous pouvons dresser le tableau suivant :

	effectifs (%) de sujets ayant un score	
	inférieur à Mg	supérieur à Mg
Ge	14 (70 %)	6 (30 %)
Ga	7 (35 %)	13 (65 %)
Gl	9 (45 %)	11 (55 %)

L'apprentissage écrit s'est révélé nettement moins performant que les autres, l'apprentissage audio étant le meilleur.

Si la moyenne générale en anglais est utilisée pour déterminer des « bons » et des « mauvais » éléments, mieux vaut avoir reçu l'apprentissage audio !

III - COMPARAISON DE MÉDIANES

Quelle conclusion aurions-nous tirée ici, si nous avions choisi de résumer chaque distribution par sa médiane plutôt que par sa moyenne ?

médiane de Ge = entre 3 et 4 soit 3,5

médiane de Ga = entre 5 et 6 soit 5,5

médiane de Gl = entre 6 et 7 soit 6,5.

Nous retrouvons bien une différence, mais cette fois c'est la méthode de laboratoire qui obtient le plus fort indice.

IV - ÉCARTS À LA MÉDIANE GÉNÉRALE

Calculons la médiane générale Me ; elle se situe entre 4 et 5, c'est-à-dire proche de la moyenne. Le nombre de sujets ayant une note inférieure ou supérieure à la médiane dans chaque groupe est équivalent à celui trouvé avec la moyenne.

Si la récompense consiste à envoyer en Angleterre la moitié des sujets ayant obtenu les meilleurs scores, c'est la méthode audio qui s'est révélée être la meilleure puisqu'elle y enverra 13 sujets sur 20.

V - AUTRES ANALYSES

Nous nous sommes intéressés aux indices de position, mais on pourrait aussi s'intéresser à la variabilité à l'intérieur de chaque groupe (intra-groupe) et à la variabilité entre les groupes (inter-groupes). Nous n'aborderons pas cette analyse au niveau descriptif, car elle est surtout puissante dans l'analyse inférentielle.

VI - MISES EN GARDE

A - Pourquoi la moyenne ?

L'utilisation des moyennes comme indices de comparaison se justifie trop souvent par le « droit coutumier » et/ou par la possibilité qu'elle offre ultérieurement pour les statistiques inférentielles. D'autres indices peuvent tout aussi bien être utilisés.

B - Quel est le meilleur groupe ?

Il est important de remarquer que, si la notion de relation entre 2 variables (ou entre 2 variabilités) n'est pas trop ambiguë, parler de « comparaison » ou de « différence » entre groupes peut entraîner quelques confusions. En effet, comparer c'est souvent « dire quel est le meilleur », et se pose alors le critère de détermination de ce « meilleur ». Comme nous l'avons touché du doigt avec notre dernier exemple, selon le critère considéré et l'indice choisi, le meilleur change ! Cela ne veut pas dire pour autant que l'on fasse dire n'importe quoi aux chiffres. Les chiffres ne parlent pas. Mais hélas ils ne hurlent pas non plus lorsqu'on les maltraite et qu'on interprète à tort le résultat de ces manipulations.

Plutôt que de voir là un problème angoissant, il faut au contraire se réjouir d'avoir à sa disposition plusieurs « lunettes » pour observer un même phénomène ; des résultats différents issus d'analyses différentes constituent en fait un gain d'information et permettent de mieux comprendre ce qu'on étudie, de la même manière que des photos d'un même objet, prises sous des angles différents, améliorent notre connaissance de cet objet.

Ceci rejoint le problème général de l'évaluation et de l'incontournable multiplicité des critères possibles qu'il est indispensable d'expliciter.

Chapitre 10

Liaison entre deux variables mesurées sur des échelles d'intervalles : corrélation linéaire, régression linéaire

FICHE 44

COVARIANCE, CORRÉLATION, RÉGRESSION : GÉNÉRALITÉS

I - LA COVARIANCE ET LA CORRÉLATION LINÉAIRE

• Lorsque deux variables mesurées sur des échelles numériques varient simultanément (dans le même sens ou en sens inverse), on dit qu'il y a ***covariation***.
Cette covariation peut-être ***monotone***, c'est-à-dire se faire toujours dans le même sens (cf. fiche 35).
Cette covariation monotone peut être ***linéaire*** (cf. fiche 35).
• La ***covariance*** mesure cette covariation linéaire monotone dans laquelle les 2 variables jouent le même rôle. La relation est symétrique.
• Le coefficient « r » de Bravais-Pearson, appelé coefficient de ***corrélation linéaire,*** mesure le degré ou la force de cette covariation symétrique. Il évalue dans quelle mesure un ensemble d'observations bi-variées s'accorde avec le modèle de relation linéaire.

II - LA RÉGRESSION LINÉAIRE

Au-delà de la relation symétrique entre les deux variables, on peut s'intéresser à connaître la valeur la plus probable que peut prendre une unité statistique sur une variable lorsqu'on connaît sa valeur sur l'autre variable et réciproquement.
On calculera les coefficients des 2 droites de régression

$x = ay + b$ et $y = a'x + b'$

III - MISE EN GARDE

Il existe d'autres types de liaison que la corrélation linéaire. En effet, étant donné un système d'axes perpendiculaires, il existe un grand nombre d'équations algébriques traduisant une relation fonctionnelle entre x et y ; la corrélation linéaire ne concerne que l'approximation d'une fonction linéaire de type $y = ax + b$. Mais des variables x et y peuvent être liées selon d'autres modes (curvilinéaire, logarithmique, etc.). Il existe par exemple une relation entre la motivation et la performance telle que, lorsque la motivation grandit, la performance s'améliore, jusqu'à un certain niveau optimum de motivation ; lorsque la motivation dépasse cette valeur optimum, la performance tend alors à se détériorer. La relation existe donc bien, puisque l'on peut prévoir le niveau de performance en connaissant le niveau de motivation ; cependant, cette relation n'est pas linéaire monotone et ne peut pas être mise en évidence dans un calcul de corrélation.

FICHE 45 CORRÉLATION LINÉAIRE : DÉMARCHE SUR UN EXEMPLE

I - POSER LA PROBLÉMATIQUE

Un chef d'établissement scolaire se demande s'il existe une capacité globale des élèves qui ferait que ce sont les mêmes qui obtiennent de bons, moyens ou médiocres résultats scolaires, quelle que soit la matière enseignée, ou bien si l'on doit plutôt envisager l'existence de compétences plus spécialisées, les élèves ayant des niveaux de performances différents suivant les domaines.

Ce chef d'établissement penche plutôt pour la première hypothèse (capacité générale) ; avant de se lancer dans une grande recherche, il décide de s'intéresser dans un premier temps aux 200 élèves de seconde de son établissement et à deux domaines particuliers : le français et les mathématiques.

II - ÉNONCER LES HYPOTHÈSES

Si l'hypothèse de ce chef d'établissement est la bonne, il doit trouver un lien linéaire monotone positif entre les notes que les 200 élèves ont obtenues en mathématiques et celles qu'ils ont obtenues en français. Autrement dit, il formule l'hypothèse que :

- « plus les élèves ont des notes fortes en maths, plus ils ont des notes fortes en français ; et réciproquement, plus ils ont des notes faibles en maths, plus ils ont des notes faibles en français ».
- ou « la note de maths varie dans le même sens que la note de français ».
- ou « la variabilité des notes de maths est liée positivement à la variabilité des notes de français ».

On aurait pu formuler l'hypothèse d'un lien linéaire monotone **négatif ou inverse** : lorsque les notes de maths augmentent, les notes de français diminuent. La covariation linéaire peut donc avoir deux directions : positive ou négative.

III - DÉFINIR LES VARIABLES

Nous avons 200 unités statistiques ayant fourni des observations sur 2 variables dont nous cherchons les relations :

•*V1* = **x** = les notes de maths : échelle d'intervalles, repérée
•*V2* = **y** = les notes de français : échelle d'intervalles, repérée.

Dans la tête du chef d'établissement, ces deux variables ont des statuts strictement équivalents. On ne saurait donc parler, dans cet exemple, de variable dépendante et indépendante, de facteur, de variable explicative et à expliquer, ni de variable régressante et regressée.

ATTENTION :
Il ne s'agit pas ici de « comparer » les notes de maths et les notes de français ; cette question se traiterait comme la recherche d'un lien entre le type de discipline – variable nominale à deux modalités (maths et français) - et les performances obtenues – variable d'intervalles. Les mêmes sujets se trouvant dans les deux modalités « maths » et « français », ceci reviendrait à comparer les performances numériques de deux groupes appareillés (cf. chapitre 9).

IV - PRÉPARER LE TABLEAU DE RECUEIL DE DONNÉES

Le tableau de recueil de données doit comporter 200 lignes (puisque 200 unités statistiques) et 2 colonnes, une pour chaque variable (la colonne comportant l'identificateur des élèves n'est pas considérée comme une véritable colonne).

identificateur	note de maths	note de français
001	15	18
002	5	10
003	15	10
004	5	11
005	12	16
006	8	12
007	10	14
.		
.		
.		
.		
200		

V - ANALYSE GRAPHIQUE

La fiche 46 présente en détail la manière de fabriquer une représentation graphique des données. Ce graphique est surtout indispensable pour déterminer la forme de la relation existant entre les deux variables. Le graphique permet également d'analyser l'adéquation des données par rapport à une relation de corrélation linéaire.

VI - ANALYSE NUMÉRIQUE

L'analyse numérique de l'adéquation des données avec une relation linéaire de corrélation est présentée fiches 47 et 48.

FICHE 46 REPRÉSENTATION GRAPHIQUE D'UNE CORRÉLATION

I - MÉTHODE GÉNÉRALE

A - DÉMARCHE

La corrélation est une covariation linéaire monotone entre deux variables mesurées chacune sur une échelle numérique. Chaque unité statistique est le support de deux observations, une pour chaque variable.

① Construire un graphique avec deux axes perpendiculaires, chaque axe représentant une variable.

② Indiquer les modalités possibles de chaque variable sur l'axe approprié et placer ensuite chaque unité statistique en fonction de sa position pour chaque variable, comme lorsque l'on joue à la bataille navale. La position de chaque unité statistique sera figurée par une croix, un point ou tout autre symbole.

③ Reporter sur chaque axe une droite correspondant à la moyenne arithmétique des résultats des observations pour cette variable.

④ Regarder si les unités statistiques se trouvent concentrées dans des régions particulières du diagramme.

B - MISE EN GARDE

Il ne faut pas confondre cette représentation bi-variée avec deux autres graphiques possibles :

• celui qui consiste à reporter les deux distributions univariées sur le même graphique (comme indiqué fiche 15). Cette procédure permettrait de visualiser si les plus forts effectifs pour une même modalité se situent en maths ou en français, ce qui n'est pas le problème posé.

• celui qui consiste à porter sur un axe, non pas les modalités d'une variable, mais l'identificateur de chaque sujet, et sur l'autre axe les données correspondantes pour les deux variables.

Ces erreurs ne sont d'ailleurs possibles que dans le cas où les deux variables ont le même instrument de mesure (ici, une note de 0 à 20). En effet, si on étudiait le lien entre la taille et le poids, on ne pourrait pas tracer un tel graphique, puisque on ne pourrait pas indiquer des kilogrammes ou des grammes et des centimètres sur le même axe.

II - CONSEILS POUR UNE BONNE REPRÉSENTATION

A - ÉCHELLE

Plutôt que d'indiquer toutes les modalités possibles pour les deux variables, on peut se contenter d'utiliser l'intervalle de variation de chacune d'elles, sans oublier de l'indiquer sur le graphe.

Il n'y a aucune raison d'utiliser la même échelle pour les deux variables, qui peuvent d'ailleurs ne pas avoir le même instrument de mesure.

B - SYMBOLES

On peut se contenter de représenter chaque unité statistique par un point ou une croix ; ceci suffit si l'on ne possède aucun autre renseignement sur les unités statistiques que les modalités correspondantes de chaque variable ; on considère ces unités comme parfaitement interchangeables. À l'inverse, il arrive souvent que l'on possède d'autres informations, ou bien que l'on puisse en recueillir. Il devient alors intéressant de pouvoir repérer les unités statistiques sur le graphique afin de réfléchir à celles qui se trouveraient à des endroits particuliers de ce graphique. On peut alors indiquer l'identificateur de l'unité statistique ou bien une caractéristique, son sexe par exemple. On verra ainsi si la distribution bi-variée a la même forme pour les garçons et pour les filles.

C - PROBLÈME DES EX AEQUO

Si le nombre d'unités statistiques est très important et les distributions peu étalées, plusieurs unités se trouveraient au même emplacement (exaequo). On les met à côté les uns des autres, même si cela ne correspond pas à l'emplacement exact.

III - ANALYSE DE LA DIRECTION DU NUAGE

On doit d'abord observer la distribution des unités statistiques dans l'espace du diagramme, et repérer s'il apparaît une direction privilégiée du nuage des points, un allongement particulier.

A - COVARIATION/CORRÉLATION LINÉAIRE POSITIVE

Si les unités statistiques se trouvent regroupées dans un nuage ressemblant à une ellipse de direction sud-ouest/nord-est, nous avons l'indication d'une corrélation positive (lorsque les notes augmentent sur x, elles augmentent également sur y) ; et plus l'ellipse est étroite, plus la relation linéaire est forte.

B - Corrélation linéaire négative

Si les unités statistiques se trouvent regroupées dans une ellipse de direction nord-ouest/sud-est, nous avons l'indication d'une corrélation linéaire négative ; en effet, cela rend compte du fait que lorsque les notes augmentent sur x, elles diminuent sur y.

C - Absence de corrélation linéaire

Si les unités statistiques se trouvent éparpillées sur l'ensemble du graphique, nous avons l'indication d'une absence de corrélation linéaire.

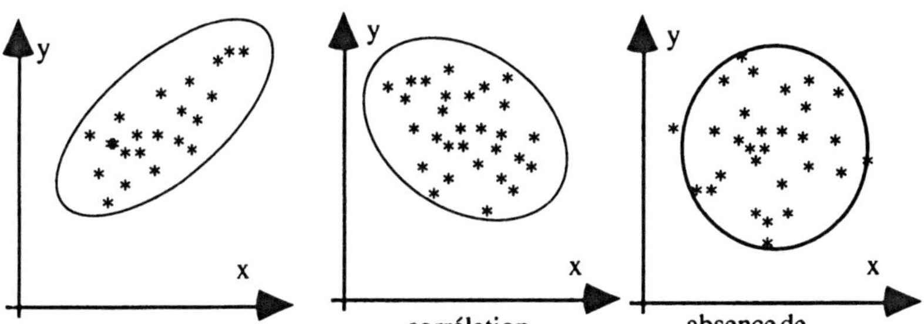

corrélation positive — corrélation négative — absence de corrélation

REMARQUE : Il est en fait assez rare que le nuage ait la forme d'une ellipse, et l'on est souvent dérouté par l'écart notable existant entre cette forme typique dessinée dans les manuels et celle obtenue avec ses propres données. On peut alors faire un autre type d'analyse.

D - Cas particulier

Si les unités statistiques se trouvent regroupées sur une ligne de direction ouest/est ou nord/sud, cela signifie qu'il n'y a pas de variabilité pour une variable. L'existence de la corrélation devient alors indécidable.

IV - ANALYSE DES QUADRANTS

Les moyennes déterminent 4 quadrants.

1 / On étudie la concentration particulière des unités statistiques dans ces quadrants.

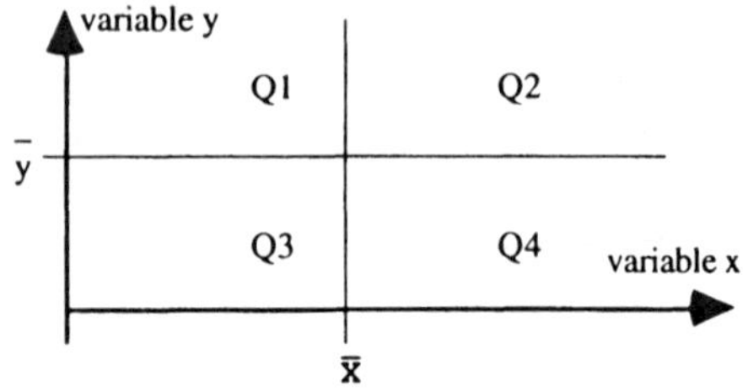

Le quadrant Q1 comprend des unités statistiques qui ont des scores supérieurs à la moyenne pour « y » mais inférieurs à la moyenne pour « x ».
Q2 = scores > moyenne pour x et > moyenne pour y.

Q3 = scores < moyenne pour x et < moyenne pour y.

Q4 = scores > moyenne pour x et < moyenne pour y.

2 / On repère graphiquement les unités statistiques qui se trouvent dans chaque quadrant.

• Celles qui se trouvent en Q2 et Q3 vont dans le sens d'une corrélation positive (les scores sont tous les deux au-dessus ou au-dessous de la moyenne).

• Celles qui se trouvent en Q1 et Q4 vont dans le sens d'une corrélation négative ou inverse (les scores sont au-dessus de la moyenne pour une variable et en dessous pour l'autre).

V - CONTRIBUTION DES UNITÉS STATISTIQUES À LA CORRÉLATION LINÉAIRE

Une unité statistique a d'autant plus de poids dans la détermination de la direction de la corrélation, qu'elle présente une résistance importante au changement de quadrant. Si une petite variation de l'un ou l'autre de ses scores suffit à la faire passer dans un autre quadrant, sa contribution à la corrélation globale ne peut être que médiocre ; à l'inverse, l'unité statistique dont les écarts aux moyennes sont grands jouit d'une position plus affirmée et contribue donc beaucoup à la détermination du sens de la corrélation.

VI - APPLICATION

Prenons simplement les notes de mathématiques et de français de 7 élèves.

identificateur	note de maths	note de français
001	15	18
002	5	10
003	15	10
004	5	11
005	12	16
006	8	12
007	10	14

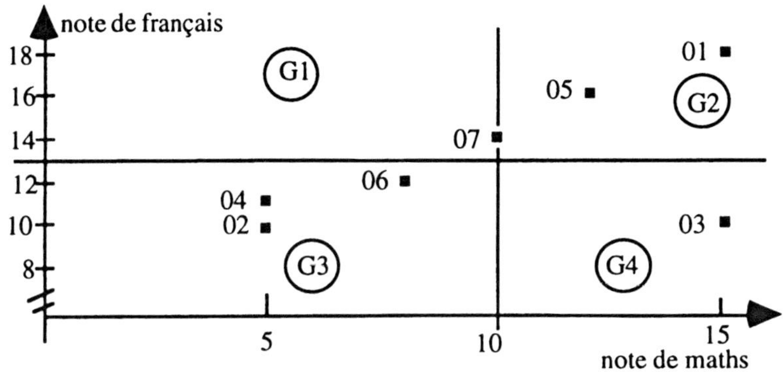

Le numéro des unités statistiques a été reporté à côté de leur emplacement ; on aurait pu le mettre à la place.

A - Direction du nuage

On voit que lorsque les notes de maths augmentent, les notes de français ont aussi tendance à augmenter. À l'exception du sujet 03, les unités statistiques sont presque alignées, en tout cas inscrites dans un nuage ayant la forme d'une ellipse assez étroite, de direction sud-ouest/nord-est. Ceci indique une corrélation linéaire positive.

B - Analyse des quadrants

Si nous examinons le graphique, nous constatons que 5 sujets se trouvent en Q2 et Q3, alors qu'un seul se trouve en Q4. Les sujets 01 et 02 semblent difficilement « délogeables », et une corrélation positive semble donc envisageable, même si le sujet 03 défend avec poids une position contraire. Le sujet 07 qui se trouve à la moyenne pour l'une des deux variables ne va ni dans un sens ni dans l'autre ; il n'apporte donc aucune information.

FICHE 47 ÉVALUATION NUMÉRIQUE D'UNE COVARIANCE

I - ÉCARTS AUX MOYENNES

Pour chaque unité statistique, on calcule à quelle distance elle se trouve par rapport à la moyenne arithmétique de toutes les observations pour chaque variable.

On tient compte à la fois de la grandeur de ces écarts et de leur signe : un signe négatif signifie que l'unité statistique a un résultat inférieur à la moyenne de son groupe pour cette variable ; un signe positif indique qu'elle a un résultat supérieur à la moyenne de son groupe pour cette variable.

Il est important de noter que pour le calcul numérique d'une covariance (ou d'une corrélation), les unités statistiques ne sont plus caractérisées par leurs résultats bruts mais par leurs écarts aux moyennes, c'est-à-dire par des valeurs qui sont relatives à l'ensemble des résultats recueillis.

II - SIGNES DES ÉCARTS

A - MÊME SIGNE POUR LES DEUX VARIABLES

Toute unité statistique pour laquelle les écarts aux moyennes sont de même signe est compatible avec l'hypothèse d'une corrélation positive puisqu'elle est au-dessus de la moyenne pour les deux variables ou en dessous de la moyenne pour les deux variables.

B - SIGNES DIFFÉRENTS POUR LES DEUX VARIABLES

Toute unité statistique pour laquelle les écarts sont de signes contraires est compatible avec l'hypothèse d'une corrélation négative, puisqu'elle est au-dessus de la moyenne pour une variable et en-dessous pour l'autre.

III - PRODUITS DES DEUX ÉCARTS

Pour chaque unité statistique, on fait le produit de ses deux écarts aux moyennes.

A - Signes des produits

1. Produit positif

Si les écarts sont de même signe pour les 2 variables, le produit de ces écarts est positif.

Les produits positifs correspondent aux unités statistiques dont les résultats sont compatibles avec une hypothèse de corrélation positive.

2. Produit négatif

Si les écarts sont de signe contraire, leur produit est négatif.

Les produits négatifs correspondent aux unités statistiques dont les résultats sont compatibles avec une hypothèse de corrélation négative.

3. Produit nul

Si l'un des écart est nul, le produit des deux écarts est nul. L'unité statistique correspondante a la moyenne pour une variable. Une telle unité statistique n'apporte aucun renseignement quant au signe de la corrélation globale.

B - Valeur des produits : contribution des unités statistiques

Plus la valeur numérique d'un produit est élevée, plus l'unité statistique correspondante contribue à déterminer le signe de la corrélation globale.

Les unités statistiques qui contribuent le plus à valider une hypothèse de corrélation linéaire positive sont celles qui sont les plus éloignées de la moyenne dans le même sens pour les deux variables.

Les unités statistiques qui contribuent le plus à valider une hypothèse de corrélation linéaire négative sont celles qui sont les plus éloignées de la moyenne dans des sens opposés pour les deux variables.

IV - SOMME DES PRODUITS DES ÉCARTS

On fait ensuite la somme de ces produits.
Le signe de cette somme indique le sens général de la corrélation.

V - PRODUIT MOYEN OU COVARIANCE

Si l'on divise cette somme par le nombre d'unités statistiques, on obtient la contribution moyenne par sujet. Elle reflète la covariation ou covariance de la distribution combinée des deux variables.

$$\text{cov}(x, y) = \frac{\sum (x - \bar{x})(y - \bar{y})}{n}$$

$$\text{cov}(x, y) = \frac{\sum xy - \frac{\sum x \sum y}{n}}{n}$$

$$\text{cov}(x, y) = \frac{\sum xy}{n} - \bar{x} * \bar{y}$$

n = nombre d'unités statistiques

N.B. : ne pas confondre $\sum xy$ et $\sum x \sum y$.

A - Signe de la covariance

Le signe de la covariance indique la direction de la covariation : s'il est positif, les deux variables varient dans le même sens ; s'il est négatif, elles varient en sens inverse.

B - Valeur absolue de la covariance

La valeur absolue de la covariance est tributaire de l'échelle choisie pour chaque variable ; en effet, si les résultats pour une variable sont tous multipliés par 10, chaque écart est également multiplié par 10, chaque produit est multiplié par 100. Dans ces conditions, la signification de la valeur trouvée pour la covariance est difficile à établir.

VI - APPLICATION

Reprenons l'exemple des fiches 46 et 47 en mettant le tableau dans l'autre sens pour la présentation des calculs :

	01	02	03	04	05	06	07	moyenne
maths	15	5	15	5	12	8	10	10
français	18	10	10	11	16	12	14	13

A - Écarts aux moyennes

Pour chaque sujet, nous pouvons calculer à quelle distance il se trouve par rapport à la moyenne de chaque discipline et pouvons alors former le tableau des écarts à la moyenne pour chaque variable. Nous avons ainsi la variabilité attachée à chaque matière.

		01	02	03	04	05	06	07
maths	(x-10)	+5	-5	+5	-5	+2	-2	0
français	(y-13)	+5	-3	-3	-2	+3	-1	+1

Les élèves ne sont plus caractérisés par leurs notes brutes mais par leurs écarts aux moyennes, c'est-à-dire par des valeurs qui sont relatives aux autres sujets du groupe et au groupe de sujets considéré. Imaginons en effet que l'élève n° 06 ait eu 15 en maths au lieu de 8, la moyenne devenait 11 et l'écart à la moyenne des 6 autres sujets aurait été modifié. De la même manière, si nous ajoutons des sujets, le tableau des écarts risque fort de se trouver modifié.

B - Compatibilité avec l'hypothèse

Les résultats de ces 7 élèves vont-ils dans le sens de l'hypothèse d'une covariation linéaire positive ?

Tout élève pour lequel les écarts aux moyennes sont de même signe est compatible avec l'hypothèse formulée puisqu'il est au-dessus ou au-dessous de la moyenne pour les deux variables ; à l'inverse, si les écarts sont de signes contraires, l'élève invalide l'hypothèse formulée puisqu'il est au-dessus de la moyenne pour une variable et en-dessous pour l'autre.

Les résultats des élèves 01 (+5 ; + 5), 02 (-5 ; -3), 04 (-5 ; -2), 05 (+2 ; + 3), 06 (-2 ; -1) sont compatibles.

Les résultats de l'élève 03 sont incompatibles (+5 ; -3).

Les résultats de l'élève 07 n'apportent pas d'informations bien nettes par rapport à l'hypothèse formulée (0 ; + 1).

C - Produits des écarts

	01	02	03	04	05	06	07
(x-10) (y-13)	+25	+15	-15	+10	+6	+2	0

Le sujet 01 est celui qui contribue le plus à valider l'hypothèse de corrélation positive (produit = + 25), suivi par le sujet 02 (+15) puis par le sujet 04 (+10).

Le sujet 03 est celui qui invalide le plus l'hypothèse (-15).

Le sujet 07 n'apporte aucune information.

D - Somme des produits

On fait ensuite la somme de ces produits, ici + 43.

Le signe de cette somme indique que, globalement, les résultats vont plutôt dans le sens attendu, puisque l'on prévoyait une covariation positive.

E - Produit moyen ou covariance

Si l'on divise cette somme par le nombre d'unités statistiques, ici 43/7 = 6,14, on obtient la ***contribution moyenne*** par sujet. Elle reflète la ***covariation*** ou ***covariance*** de la distribution combinée des deux variables.

FICHE 48

COEFFICIENT DE CORRÉLATION LINÉAIRE : « r » DE BRAVAIS-PEARSON

I - DE LA COVARIANCE À LA CORRÉLATION

Rappelons la formule de la covariance :

$$\text{cov}(x,y) = \frac{\sum(x-\bar{x})(y-\bar{y})}{n}$$

Comme nous l'avons vu dans la fiche 47, la valeur absolue d'une covariance est tributaire de l'échelle choisie pour chaque variable, et la signification de la valeur trouvée est donc difficile à établir.

Pour remédier à cet inconvénient, on normalise les écarts en divisant la covariance par le produit des écarts-types des deux distributions.

$$\frac{\text{cov}(x,y)}{(\text{écart-type de } x)(\text{écart-type de } y)}$$

II - LE COEFFICIENT « r » DE BRAVAIS-PEARSON

Le coefficient correspondant est le « r » de Bravais-Pearson

$$r = \frac{\frac{\sum(x-\bar{x})(y-\bar{y})}{n}}{\sqrt{\frac{\sum(x-\bar{x})^2}{n}} * \sqrt{\frac{\sum(y-\bar{y})^2}{n}}} = \frac{\sum(x-\bar{x})(y-\bar{y})}{\sqrt{\sum(x-\bar{x})^2\sum(y-\bar{y})^2}}$$

$$r = \frac{\sum xy - \frac{\sum x \sum y}{n}}{\sqrt{\sum x^2 - \frac{(\sum x)^2}{n}}\sqrt{\sum y^2 - \frac{(\sum y)^2}{n}}}$$

REMARQUES

1 / La première formule reflète exactement la logique de la corrélation, mais elle entraîne des difficultés pratiques pour le calcul. La dernière formule est préférable, à condition de ne pas confondre $\sum xy$ (on commence par faire les produits et on les somme ensuite) et $\sum x \sum y$ (on fait la somme des « x » puis la somme des « y » et on multiplie).

2 / Tous les calculs reposent sur les sommations ($\sum x$), ($\sum y$), ($\sum x^2$), ($\sum y^2$), ($\sum xy$). Compte tenu de la propriété cumulative de l'addition, on peut faire des calculs intermédiaires pour chaque expression précédée de ce signe, et additionner ensuite. Par exemple, si le groupe de sujets étudiés est composé de garçons et de filles, on peut regrouper les filles, effectuer les calculs pour elles et utiliser ces résultats partiels pour calculer un « r » féminin. On procédera de même pour les garçons. En reprenant les résultats partiels de chaque expression, on calculera un « r » général.

III - LE SIGNE ET LA VALEUR DE « r »

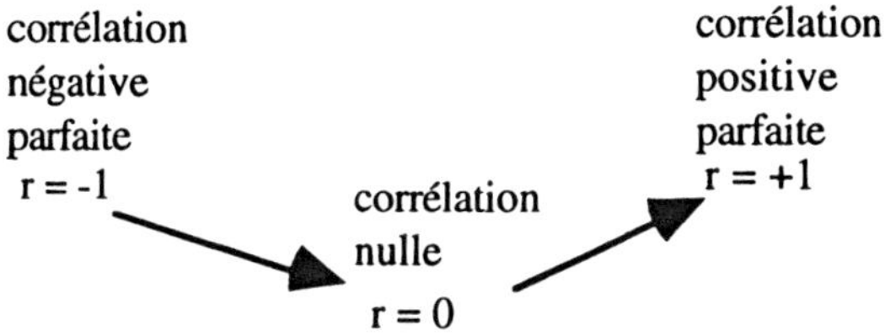

- r varie entre -1 et + 1.
- r est indépendant des échelles de x et de y.
- r est positif = corrélation positive : la covariation se fait dans le même sens, une augmentation sur une variable correspondant à une augmentation sur l'autre.
- r est négatif = corrélation négative : la croissance sur une variable s'accompagne d'une décroissance sur l'autre.
- r = + 1 : la corrélation est parfaite et positive. Tous les points du diagramme de corrélation sont alignés sur une droite d'orientation sud-ouest/nord-est.
- r = -1 : la corrélation est parfaite et négative. Tous les points du diagramme de corrélation sont alignés sur une droite d'orientation nord-ouest/sud-est.
- r = 0 : la corrélation est nulle.

IV - CAS PARTICULIER

Que se passe-t-il dans le cas particulier où toutes les unités statistiques ont la même note sur une variable ?

Les écarts à la moyenne pour cette variable sont nuls.

Les produits des écarts aussi.

Le numérateur de la covariance est donc nul, et le coefficient devient alors ***indéterminé***.

V - INTERPRÉTATION DE LA VALEUR DE « r »

La valeur du coefficient «r» calculé est habituellement intermédiaire entre les valeurs - 1 et + 1. Comment l'interpréter ?

Pour le chercheur en psychologie, la valeur d'un coefficient de corrélation a surtout un effet incitatif : va-t-il continuer ou non ses recherches dans cette direction ?, va-t-il chercher à contrôler certaines variables ou à en introduire d'autres ?, etc.

Dans d'autres cas, la valeur d'un coefficient de corrélation peut amener à prendre ou non des décisions.

Mais un coefficient calculé n'est pas « bon » ou « mauvais » en soi ; aucune règle n'existe qui dicte qu'au-dessus d'une certaine valeur de « r », « c'est parfait » et que, en-dessous, « mieux vaut jeter à la poubelle ». Tout dépend du problème auquel on s'intéresse.

A - Exemple 1

Imaginons que l'on ait mis en évidence une corrélation négative entre le taux de nitrate contenu dans l'eau de boisson et des performances cognitives. Autrement dit, quand le taux de nitrate augmente, les performances se dégradent.

Un tel résultat, même si le coefficient est faible, peut amener un responsable de santé publique à prendre des mesures visant à faire baisser ce taux ou à ne pas l'augmenter.

Le coût éventuel de ces mesures entrera aussi en ligne de compte.

B - Exemple 2

Vous êtes cardiologue et vous lisez les résultats d'une recherche qui rapporte une corrélation positive entre l'intensité de douleurs cardiaques rapportée par des malades et les résultats obtenus pour ces mêmes malades à un examen objectif (test d'effort).

Autrement dit, plus les malades se plaignent de ressentir des douleurs, plus les examens objectifs qu'on leur fait indiquent la présence de problèmes cardiaques.

Seule une valeur élevée du coefficient de corrélation pourra réellement vous intéresser et vous amener à douter de l'utilité des examens, surtout s'ils sont chers et/ou douloureux et dangereux.

VI - EXEMPLE NUMÉRIQUE

Reprenons le même exemple que dans les fiches précédentes.

A - Calculs

ident.	maths x	français y	xy	x^2	y^2
01	15	18	270	225	324
02	5	10	50	25	100
03	15	10	150	225	100
04	5	11	55	25	121
05	12	16	192	144	256
06	8	12	96	64	144
07	10	14	140	100	196
	$\sum x = 70$	$\sum y = 91$	$\sum xy = 953$	$\sum x^2 = 808$	$\sum y^2 = 1241$

$$r = \frac{953 - \dfrac{70 * 91}{7}}{\sqrt{808 - \dfrac{70 * 70}{7}}\sqrt{1241 - \dfrac{91 * 91}{7}}} = +0{,}54 = .54$$

B - Interprétation

Une corrélation parfaite (r = + 1) correspondrait au fait qu'à chaque note de maths serait associée une seule et même note de français. Un lien moins étroit correspond au fait que des enfants ayant la même note dans une matière ont un éventail de notes différentes dans l'autre matière. La corrélation est d'autant plus faible que cet éventail est large ; elle est d'autant plus forte que cet éventail est étroit.

Que penser du coefficient obtenu « + 0,54 » ? Imaginons d'abord qu'il ait été obtenu après avoir pris en considération l'ensemble des 200 élèves. « + 0,54 » est intermédiaire entre 0 (corrélation nulle) et + 1 (corrélation parfaite). Étant donné le problème étudié, on pouvait difficilement s'attendre à obtenir une relation extrêmement élevée, surtout si l'on réfléchit au fait qu'une seule note puisse difficilement refléter les compétences d'un élève dans une matière donnée. On pourrait imaginer ici que ce résultat encourage le chef d'établissement à poursuivre sa recherche en prenant par exemple d'autres disciplines, ou en variant les exercices à l'intérieur des disciplines, etc.

FICHE 49 CORRÉLATION ; CONCORDANCE, CAUSALITÉ

I - ABSENCE DE CORRÉLATION LINÉAIRE N'EST PAS ABSENCE DE LIEN

Question : on obtient pour r la valeur 0. Peut-on conclure qu'il n'y a pas de lien entre les deux variables ?

Réponse : non. En effet, deux variables d'intervalles peuvent être liées par de multiples relations qui correspondent au principe général d'un lien : possibilité de prévoir, mieux qu'au hasard, la valeur prise par une unité statistique sur une variable en connaissant, entre autres, la valeur prise sur l'autre. Différentes fonctions mathématiques remplissent ces conditions.

Le lien que l'on teste par le coefficient « r » de Bravais-Pearson n'est qu'un lien particulier : une relation monotone linéaire. Si deux variables sont liées par une relation de type parabolique, le coefficient de corrélation calculé sera nul.

EXEMPLE NUMÉRIQUE

Soit l'exemple suivant : x = 8 nombres entiers que nous portons successivement à la puissance 2, 3 et 4 pour y.

x et y sont en relation parfaite puisque fonctionnelle de type y = xn. Connaissant la mesure d'un sujet sur x, nous en déduisons automatiquement sa mesure sur y.

Trouvons-nous pour autant un coefficient r = 1 ?

x	1	5	10	15	20	25	30	35	r
$y2 = x^2$	1	25	100	225	400	625	900	1 225	0,966
$y3 = x^3$	1	125	1 000	3 375	8 000	15 625	27 000	42 875	0,913
$y4 = x^4$	1	625	10 000	50 625	160 000	390 625	810 000	1 500 625	0,864

Comme on peut le voir sur les graphiques suivants, les points forment une courbe de plus en plus éloignée d'une droite. Dans le même temps, le coefficient de corrélation linéaire diminue.

Il est donc indispensable de toujours faire le diagramme de corrélation afin de visualiser le type de relation susceptible d'exister entre deux variables. Les lois « à optimum », par exemple, sont fréquentes en psychologie.

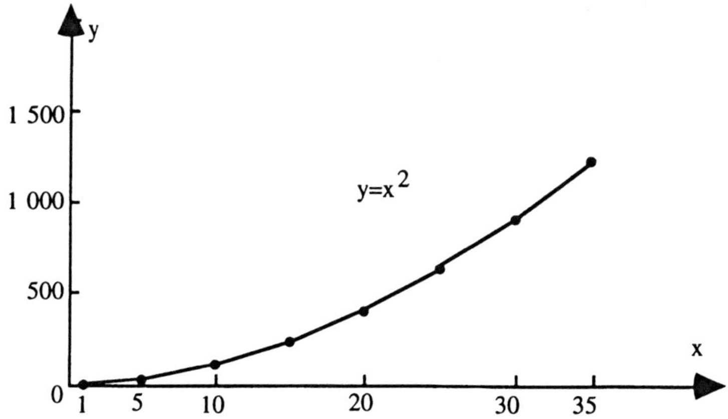
y
1 500
1 000
500
y=x 2
x
0
1
5
10
20
30
35

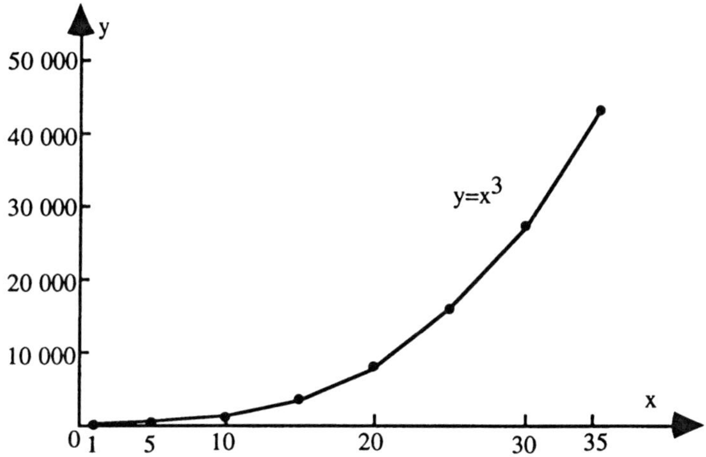
y
50 000
40 000
30 000
20 000
10 000
y=x3
x
0
1
5
10
20
30
35

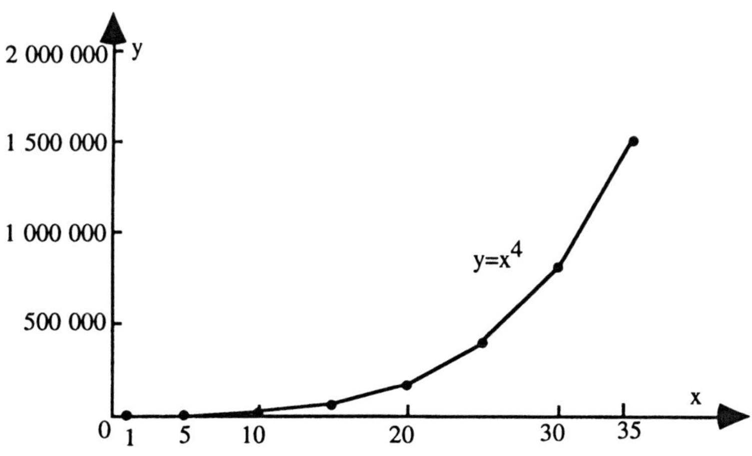
2 000 000
y
1 500 000
1 000 000
500 000
y=x4
x
0
1
5
10
20
30
35

II - CORRÉLATION LINÉAIRE N'EST PAS CONCORDANCE

Question : Sachant que les notes de maths et de français sont parfaitement corrélées (r = + 1), et sachant qu'un élève a obtenu 12 en maths, peut-on connaître sa note de français ?

Réponse : Si vous répondez « oui, c'est 12 », c'est que vous confondez « corrélation » et « concordance ». Les notes de maths peuvent s'étaler de 11 à 20 et les notes de français de 0 à 10, cela n'ôtera pas la possibilité d'obtenir une corrélation parfaite. Une corrélation n'est en effet que le reflet d'une relation statistique entre écarts à leur moyenne respective des valeurs de deux distributions, les moyennes des deux distributions pouvant être différentes.

■ Graphiquement, une corrélation positive parfaite correspond au cas de figure où toutes les unités statistiques sont sur une droite de direction sud-ouest/nord-est, mais cette droite ne passe pas nécessairement par l'origine des axes ; si cette droite était la bissectrice de l'angle formé par les deux axes, alors nous pourrions parler de « concordance » ; les moyennes et les écarts-types des deux distributions étant les mêmes, la note 12 sur une variable correspondrait à la note 12 sur l'autre.

■ De la même manière, si l'on fait faire le bilan sanguin de 50 personnes par deux laboratoires différents et que les calculs numériques aboutissent à un coefficient de corrélation égal à + 1 pour le taux de triglycérides, cela ne signifie pas pour autant que les sujets aient eu les mêmes résultats dans les deux laboratoires.

III - CORRÉLATION LINÉAIRE N'EST PAS CAUSALITÉ

Question : on a mis statistiquement en évidence sur plusieurs saisons que la pousse du blé était positivement corrélée avec le taux de pluviosité ; peut-on dire que « en cas de forte sécheresse, il faut arroser le blé pour augmenter sa pousse » ?

Réponse : dire cela, c'est se fier à ce que l'on sait par ailleurs et non au seul résultat statistique. En effet, agir sur une variable pour modifier l'autre, c'est supposer une relation de cause à effet de l'une sur l'autre ; or une corrélation est une relation réciproque n'impliquant aucune causalité. Seul le fait qu'une des deux variables soit manipulée (et non repérée) peut permettre d'invoquer une causalité (en dehors des cas bien sûr où l'on connaît les mécanismes). Si la pluviosité a été provoquée et non invoquée, alors l'affirmation peut se justifier : on ne fera somme toute que reproduire certaines modalités de la manipulation expérimentale (ne pas oublier le « toutes choses égales par ailleurs ») ; si la pluviosité a seulement été repérée, passivement enregistrée, alors rien ne justifie cette affirmation.

FICHE 50 — LA RÉGRESSION LINÉAIRE

I - PRÉSENTATION

A - UN LIEN NON SYMÉTRIQUE

Dans l'exemple étudié dans les fiches précédentes du chapitre, les variables étudiées avaient un statut théorique symétrique, la liaison était considérée comme réversible, puisque l'on n'avait pas de raison d'attribuer à l'une d'elles un statut « explicatif ». En d'autres termes, on n'avait pas de raison d'étudier la variation d'une variable en fonction de l'autre ; on s'intéressait seulement à la force du lien entre les deux variables.

Dans d'autres cas, on s'intéresse au contraire à un lien asymétrique ; on parle, dans le cas de variables mesurées sur des échelles d'intervalles, de « régression » d'une variable sur l'autre, mais ce terme pourrait utilement être employé plus largement pour traduire un lien asymétrique quelles que soient les échelles de mesure utilisées.

On affecte généralement l'axe des « x » à la variable explicative et l'axe des « y » à la variable à expliquer.

B - EXEMPLE

Reprenons l'exemple numérique de la fiche 47 et imaginons que la variable « x » représente le nombre d'heures passées pour rédiger une dissertation de français (variable explicative ou régressante) et que la variable « y » représente les notes obtenues à cette dissertation (variable à expliquer ou régressée). On peut alors s'intéresser à la régression de « x » sur « y », c'est-à-dire aux valeurs prises par « y » (note de français) lorsque « x » (temps de travail) varie.

II - LA DROITE DES MOYENNES

numéro	temps x	note y	xy	x^2	y^2
01	15	18	270	225	324
02	5	10	50	25	100
03	15	10	150	225	100
04	5	11	55	25	121
05	12	16	192	144	256
06	8	12	96	64	144
07	10	14	140	100	196
	$\Sigma x = 70$	$\Sigma y = 91$	$\Sigma xy = 953$	$\Sigma x^2 = 808$	$\Sigma y^2 = 1241$

Nous constatons que :

À une même valeur de « x » (variable explicative) correspondent plusieurs valeurs de « y » (variable à expliquer).

- > quand x vaut 5, y vaut 10 pour le sujet 2
y vaut 11 pour le sujet 4.

- > quand x vaut 15, y vaut 10 pour le sujet 3
y vaut 18 pour le sujet 1.

Si nous voulons exprimer « y » en fonction de « x », nous pouvons, pour chaque valeur de « x », calculer la moyenne des valeurs de « y » correspondantes.

Nous pouvons ensuite tracer une courbe qui joigne ces moyennes.

Ceci revient à tracer une courbe qui permette de déterminer la moyenne de « y » pour une valeur déterminée de « x ». Si cette courbe est approximativement linéaire, sa meilleure estimation est une droite Dy qui a pour équation : $y = ax + b$.

III - DROITE DES MOINDRES CARRÉS, D'AJUSTEMENT, DE RÉGRESSION

Pour déterminer les coefficients a et b, on considère l'écart entre une valeur observée pour la variable y (soit y_0) correspondant à une certaine valeur de x et la valeur ajustée (y_a) obtenue en remplaçant x par sa valeur dans l'équation de la droite. Soit $(y_0 - y_a)$ cet écart entre valeur observée et valeur ajustée. On fait en sorte que $\Sigma(y_0 - y_a)^2$ soit minimum : c'est la méthode des moindres carrés.

On appelle cette droite ***« droite d'ajustement »***, ou « d'estimation », ou « des moindres carrés ».

ATTENTION : il ne faut pas confondre cette droite avec la direction du nuage de points du graphique de corrélation ; il n'y a qu'une direction du nuage, mais ***il y a toujours 2 droites de régression possibles*** pour un ensemble de données bi-variées.

IV - DÉTERMINATION DES DROITES DE RÉGRESSION

Soit M le point moyen du nuage de points du graphe qui a pour coordonnées la moyenne des x et la moyenne des y. Les deux droites de régression passent par ce point.

A - LA PREMIÈRE DROITE DE RÉGRESSION

1. Équation de la droite

Soit Dy la droite de régression linéaire de y en fonction de x c'est-à-dire la droite qui permet de prédire y en connaissant x.

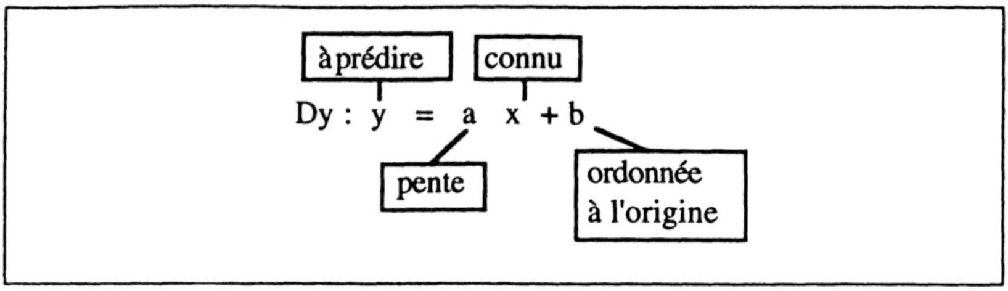

Elle passera par le point M. Reste à déterminer sa pente, telle que soit minimum la somme des carrés de chaque point à cette droite et son ordonnée à l'origine..

2. Pente de la droite

La pente d'une droite « a » indique la direction de la droite par rapport à l'horizontale ; elle représente la variation de y lorsque x augmente d'une unité (sur le graphique, a représente l'augmentation de y lorsque on se déplace d'une unité sur l'axe des x).

$$a = \frac{\text{cov}(xy)}{\text{var } x} = \frac{\Sigma(x - \bar{x})(y - \bar{y})}{\Sigma(x - \bar{x})^2} = \frac{n\Sigma xy - \Sigma x \Sigma y}{n\Sigma x^2 - (\Sigma x)^2}$$

Si « a » est positif, les deux variables varient dans le même sens. Si « a » est négatif, elles varient en sens inverse. Si « a » est nul, la droite est parallèle à l'axe des x.

N.B. : en économie, a est appelé « coefficient de tendance ».

3. Ordonnée à l'origine

L'ordonnée à l'origine « b » est l'intersection de la droite avec l'axe y.

$$b = \frac{\Sigma y}{n} - a \frac{\Sigma x}{n} = \bar{y} - a * \bar{x}$$

B - L'AUTRE DROITE POSSIBLE

Dans la pratique, il est rare que l'on calcule les deux droites de régression. Il est en effet peu habituel d'étudier deux variables entre lesquelles on s'intéresse à des relations de régression dans les deux sens. Mais cette situation n'est pas impossible : soit la relation entre le produit intérieur brut des pays et le nombre de leurs diplômés d'études supérieures. On peut chercher à prédire le nombre de diplômés pour un Produit intérieur brut donné aussi bien que de chercher à prédire le PIB pour un nombre de diplômés donné.

Soit Dx la droite de régression linéaire de x en fonction de y c'est-à-dire la droite qui permet de prédire x en connaissant xy

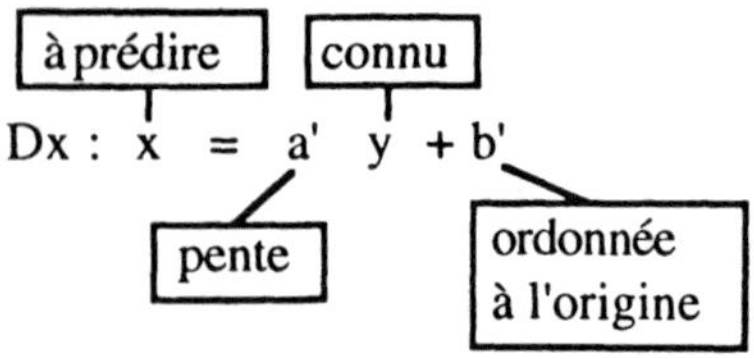

Elle passera par le point M. Reste à déterminer sa pente, telle que soit minimum la somme des carrés de chaque point à cette droite.

$$a' = \frac{\text{cov}(xy)}{\text{var } y} = \frac{\Sigma(x - \bar{x})(y - \bar{y})}{\Sigma(y - \bar{y})^2} = \frac{n\Sigma xy - \Sigma x \Sigma y}{n\Sigma y^2 - (\Sigma y)^2}$$

$$b' = \frac{\Sigma x}{n} - a' \frac{\Sigma y}{n} = \bar{x} - a' * \bar{y}$$

V - MISE EN GARDE

On peut toujours calculer l'équation d'une droite de régression. Cela ne préjuge en rien de la force de la relation. Cela aide seulement à faire la moins mauvaise prévision possible. La prévision sera d'autant meilleure que la corrélation est forte.

VI - APPLICATION

Rappelons que l'on souhaite prédire la note de français à partir du temps mis pour préparer la dissertation

numéro	temps x	note y	xy	x^2	y^2
01	15	18	270	225	324
02	5	10	50	25	100
03	15	10	150	225	100
04	5	11	55	25	121
05	12	16	192	144	256
06	8	12	96	64	144
07	10	14	140	100	196
	$\Sigma x = 70$	$\Sigma y = 91$	$\Sigma xy = 953$	$\Sigma x^2 = 808$	$\Sigma y^2 = 1241$

$$a = \frac{(7*953) - (70*91)}{(7*808) - (70)^2} = 0{,}398 \quad b = \frac{91}{7} - 0.398\,\frac{70}{7} = 9.02$$

à prédire — connu

$$Dy : \underset{\text{à prédire}}{y} = 0{,}398\,\underset{\text{connu}}{x} + 9{,}02$$

On a ainsi exprimé la variable à expliquer y en fonction de la variable explicative **x *en postulant qu'une droite était une bonne approximation de la relation.***

On peut alors, pour une valeur donnée de x, ***prédire*** une valeur pour y. Par exemple, pour un temps de préparation de 5 heures, on peut prédire la note de français suivante :

$y = + 0{,}398\,(5) + 9{,}02 = 11{,}01.$

Pour le temps moyen de préparation (70/7 = 10 heures), on peut prédire la note 13 ($y = 0.395*10 + 9.02 = 13$) qui est bien la note moyenne du groupe.

REMARQUE :

Avec les mêmes chiffres, mais x et y représentant d'autres variables, nous pourrions être amenés à étudier la régression de y, qui serait alors variable explicative, sur x, qui serait alors variable à expliquer.
Nous chercherions la droite Dx, d'équation $x = a'y + b'$, avec :

$$a' = \frac{7*953 - 70*91}{7*1241 - (91)^2} = 0{,}741 \quad b' = 10 - 0{,}741\,(13) = 0{,}367$$

Soit, Dx : $x = 0{,}741y + 0{,}367$
Si nous appliquons à l'équation de Dx la valeur moyenne de y = 13, nous trouvons x = 10, soit la valeur moyenne de x.
Le point (x = 10 ; y = 13) est donc sur les deux droites Dx et Dy. C'est le point d'intersection des deux droites de régression possibles.

VII - REPRÉSENTATION GRAPHIQUE

On peut tracer les deux droites de régression (ou seulement celle qui nous intéresse) sur le graphique de corrélation et utiliser ce graphique pour faire des prédictions plutôt que de les faire avec des calculs.

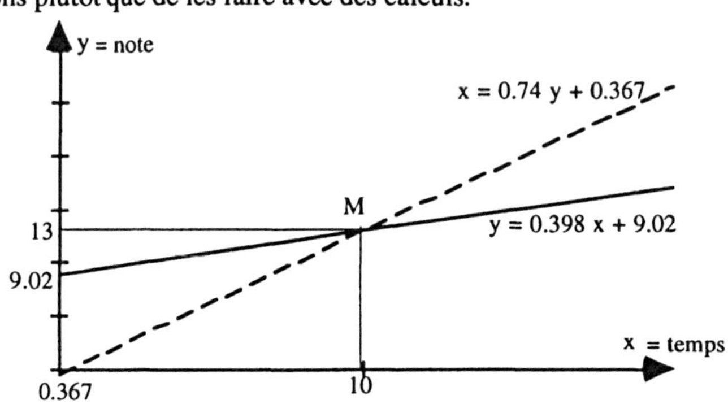

Puisque deux points suffisent pour tracer une droite et que l'on sait que la droite passe par le point moyen, il suffit de calculer un autre point. La solution la plus rapide consiste à prendre l'ordonnée à l'origine, soit x = 0 pour Dy ou y = 0 pour Dx.

On peut également préférer calculer les coordonnées de deux points, tracer la droite et vérifier alors qu'elle passe bien par le point moyen.

Attention : si les axes tracés ne commencent pas à la valeur 0 des variables, il faut prendre un autre repère que l'ordonnée à l'origine.

VIII - RELATIONS ENTRE CORRÉLATION ET RÉGRESSION

Reprenons la formule du r de Bravais-Pearson :

$$r = \frac{\Sigma(x-\bar{x})(y-\bar{y})}{\sqrt{\Sigma(x-\bar{x})^2\,\Sigma(y-\bar{y})^2}}$$

Nous pouvons multiplier le numérateur et le dénominateur par la même valeur, soit :

$$r = \frac{\Sigma(x-\bar{x})(y-\bar{y})}{\sqrt{\Sigma(x-\bar{x})^2\,\Sigma(y-\bar{y})^2}} * \frac{\sqrt{\Sigma(x-\bar{x})^2 / n}}{\sqrt{\Sigma(x-\bar{x})^2 / n}}$$

$$r = \frac{\Sigma(x-\bar{x})(y-\bar{y})}{\Sigma(x-\bar{x})^2} * \frac{\sqrt{\Sigma(x-\bar{x})^2 / n}}{\sqrt{\Sigma(y-\bar{y})^2 / n}}$$

On remarque que la première partie de l'expression est égale à la pente a de la droite Dy.

On remarque que la deuxième partie de l'expression est le rapport de l'écart-type de la variable x par celui de la variable y. D'où :

$$\boxed{r = a\,\frac{Sx}{Sy}} \quad \text{et} \quad \boxed{a = r\,\frac{Sy}{Sx}}$$

On démontrerait de la même manière que

$$\boxed{r = a'\,\frac{Sy}{Sx}} \quad \text{et} \quad \boxed{a' = r\,\frac{Sx}{Sy}}$$

Pour notre application, nous pouvons vérifier que

$$a = 0.54 \frac{\sqrt{(1241-1183)/7}}{\sqrt{(808-700)/7}} = 0.54\sqrt{\frac{58}{108}} = 0.396$$

$$a' = 0.54\sqrt{\frac{108}{58}} = 0.737 \quad \text{(peu différent de 0.741)}$$

2) On peut également montrer que

$$\sqrt{aa'} = \frac{\sum(x-\bar{x})(y-\bar{y})}{\sqrt{\sum(x-\bar{x})^2 \sum(y-\bar{y})^2}} = r$$

r combine donc les pentes des deux droites de régression.

si a = a'= 0, les deux droites Dx et Dy sont perpendiculaires et parallèles aux axes x et y. On a bien r = o, soit une corrélation nulle.

si a = a'= 1, Dx et Dy ont la même pente ; elles sont donc parallèles. Comme elles passent toutes les deux par un même point (celui ayant pour abscisse la moyenne des x et pour ordonnée la moyenne des y), elles sont donc confondues. La relation est à son maximum r = 1.

Chapitre 11

Liaison entre deux variables nominales dichotomiques : le tableau de contingence

FICHE 51

LIAISON ENTRE DEUX VARIABLES NOMINALES DICHOTOMIQUES : PRÉSENTATION GÉNÉRALE

I - POSER LA PROBLÉMATIQUE

Un chef d'établissement scolaire se demande si, dans son établissement, la réussite au bac en 1990 a été semblable chez les garçons et chez les filles.

II - ÉNONCER LES HYPOTHÈSES

Ce chef d'établissement n'a pas de théorie qui lui permette de formuler une hypothèse précise sur le sens de la différence. Il émet simplement une hypothèse de relation qui peut se formuler de diverses manières :

- « la distribution des sujets suivant leur sexe est liée à la distribution des sujets suivant leur résultat au bac »
- ou « ces résultats sont liés au sexe »
- ou « ces résultats sont dépendants du sexe ».
- ou « il existe une différence dans ces résultats en fonction du sexe »
- ou « il existe une différence entre les garçons et les filles quant à leur résultat »
- ou « la distribution des réussites et des échecs chez les garçons est la même que chez les filles ».

La première étape consiste à tester une hypothèse de relation, de lien, de dépendance entre les deux variables ; si ce lien est mis en évidence, d'autres recherches devront être entreprises pour déterminer plus finement ce que recouvre la variable « sexe » dans ce genre de problèmes (l'influence directe des chromosomes étant peu vraisemblable...).

III - DÉFINIR LES VARIABLES

Nous avons donc deux variables dont nous cherchons les relations :

V1 = le sexe des élèves
- échelle nominale dichotomique (deux modalités : fille/garçon)
- repérée (explicative ou régressante)

V2 = les résultats
- échelle nominale dichotomique (deux modalités : réussite/échec)
- repérée (à expliquer ou régressée)

Aucun sujet n'est à la fois dans les 2 modalités de V1 (on est garçon ou fille) ni dans les 2 modalités de V2 (on échoue ou on réussit). Nous avons bien des **groupes indépendants**.

Il s'agit seulement de **décrire** les résultats obtenus par les 200 élèves de cet établissement en 1990. On ne cherchera pas ici à établir une loi générale.

Le sexe des sujets et leurs résultats sont deux variables qui vont jouer, au niveau du raisonnement et des premiers calculs effectués, des rôles strictement symétriques. Il ne sera donc pas possible de déterminer, à l'aide des analyses qui vont suivre, une quelconque relation de causalité, et ce d'autant moins que les deux variables sont des variables « repérées ».

Cependant, dans la tête du chef d'établissement, il est bien clair que ces deux variables n'ont pas le même statut. Il ne viendrait à l'idée de personne de penser que la réussite détermine le sexe. À l'inverse, on peut penser que le sexe détermine la réussite.

IV - PRÉPARER LE TABLEAU DE RECUEIL DE DONNÉES

Chaque unité statistique, c'est-à-dire chaque lycéen, est le support d'une double information : son sexe et son résultat au bac. Deux colonnes sont donc nécessaires. Le tableau doit comporter autant de lignes que d'unités statistiques (ici 200 élèves).

Le tableau de collecte de données se présente de la manière suivante :

numéro de l'élève	sexe 1 = masculin 2 = féminin	résultat + = réussite - = échec
001		
002		
003		
004		
.		
.		
200		

Le codage n'est pas indispensable, mais il rend plus rapide l'opération de report des données dans le tableau.

V - FAIRE LE TRI CROISÉ OU DOUBLE DISTRIBUTION D'EFFECTIFS

Nous allons répartir les 200 sujets selon leur double appartenance, à V1 et à V2. Il y a donc quatre combinaisons possibles, et nous pouvons ventiler les sujets par rapport à ces combinaisons.

Les résultats peuvent être reportés dans un tableau appelé « table de contingence », « tableau croisé » ou « tableau à double entrée » :

		RÉSULTATS AU BAC		
		Réussite	Échec	TOTAL
SEXE	Garçon	30	40	70
	Fille	90	40	130
	TOTAL	120	80	200

Chaque croisement de deux modalités est appelé ***« case »*** du tableau.

Les totaux des lignes et des colonnes sont appelés les ***« marges »*** du tableau, ou distributions marginales. Elles reflètent le tri à plat de chacune des variables.

On voit dans les marges qu'il y avait plus de filles (130) que de garçons (70) à se présenter au bac dans cet établissement et que, sur l'ensemble des candidats, il y a eu plus de réussites (120) que d'échecs (80).

VI - ANALYSE GRAPHIQUE

Aucune des variables n'étant numérique, les représentations graphiques ne présentent pas d'intérêt.

VII - ANALYSE NUMÉRIQUE

L'analyse numérique est présentée fiches 52 à 55.

VIII - MISE EN GARDE : GROUPES APPAREILLÉS OU APPARIÉS

Les fiches 52 à 55 indiquent la démarche à suivre pour des groupes indépendants, c'est-à-dire pour des données dans lesquelles chaque unité statistique n'apparaît que dans une modalité de chaque variable. Si cela n'est pas le cas, se reporter à la fiche 56.

FICHE 52

LIAISON ENTRE DEUX VARIABLES DICHOTOMIQUES : LES POURCENTAGES

Nous pouvons calculer des pourcentages en lignes ou en colonnes :

I - POURCENTAGES EN LIGNES

On regarde ce qui se passerait si, au lieu d'avoir un nombre différent de garçons et de filles, on en avait 100 et 100.

Ces calculs vont nous indiquer les pourcentages de réussite et d'échecs selon que les sujets sont des filles ou des garçons.

- pour les garçons :
  30 garçons sur 70 ont été reçus, soit 43 %.
  40 garçons sur 70 ont échoué, soit 57 %.
- pour les filles :
  90 filles sur 130 ont été reçues, soit 69 %.
  40 filles sur 130 ont échoué, soit 31 %.
- au total :
  120 élèves sur 200 ont réussi, soit 60 %.
  80 élèves sur 200 ont échoué, soit 40 %.

		RÉSULTATS AU BAC		
		Réussite	Échec	TOTAL
SEXE	Garçon	43 %	57 %	100 %
	Fille	69 %	31 %	100 %
	TOTAL	60 %	40 %	100 %

Le pourcentage de réussite chez les filles est donc supérieur au pourcentage de réussite chez les garçons.

De la même manière, on peut dire que le taux d'échec des garçons est supérieur au taux d'échec des filles.

S'il y avait indépendance entre le sexe des élèves et leur réussite au bac, on devrait avoir le même pourcentage de réussite chez les garçons et chez les filles, soit 60 %. On en a moins chez les garçons (43 %) et plus chez les filles (69 %).

II - POURCENTAGES EN COLONNES

On regarde ce qui se passerait si, au lieu d'avoir un nombre différent d'échecs et de réussites, on en avait 100 et 100.

Les colonnes du tableau partitionnent l'ensemble des élèves selon qu'ils ont réussi (120) ou échoué (80).

Les pourcentages établis à l'intérieur de chaque colonne vont donc indiquer les pourcentages de garçons et de filles parmi ceux qui ont réussi et les pourcentages de garçons et de filles parmi ceux qui ont échoué :

- 30 réussites sur 120 proviennent de garçons, soit 25 %
- 90 réussites sur 120 proviennent de filles, soit 75 %.
- 40 échecs sur 80 proviennent de garçons, soit 50 %
- 40 échecs sur 80 proviennent de filles, soit 50 %.

		RÉSULTATS AU BAC		
		Réussite	Échec	TOTAL
SEXE	Garçon	25 %	50 %	35 %
	Fille	75 %	50 %	65 %
	TOTAL	100 %	100 %	100 %

Ainsi, les garçons qui ne représentent que 35 % des élèves constituent néanmoins 50 % des échecs et seulement 25 % des réussites.

On peut lire que les échecs proviennent autant des garçons que des filles.

III - COMPARAISON DES POURCENTAGES

Avec les pourcentages en lignes, on peut dire que les garçons échouent plus que les filles ; avec les pourcentages en colonnes, on peut dire que les échecs proviennent aussi bien des garçons que des filles.

Cette conclusion paradoxale est due au fait que les méthodes utilisant les pourcentages en lignes ou en colonnes ne permettent pas de raisonner en même temps sur les effectifs respectifs de garçons et de filles et de réussites et d'échecs.

FICHE 53 LIAISON ENTRE DEUX VARIABLES DICHOTOMIQUES : LES ÉCARTS À L'INDÉPENDANCE

I - LE RAISONNEMENT

Une autre manière de raisonner consiste à établir un tableau fictif correspondant aux effectifs que l'on aurait dans les cases s'il y avait indépendance totale entre le sexe et les résultats, c'est-à-dire si le pourcentage de réussite était le même chez les garçons et chez les filles, et ***respectant le fait que le nombre de garçons n'est pas le même que le nombre de filles dans cet établissement***.

Il peut sembler curieux, pour tester une hypothèse de relation ou de dépendance, de commencer par parler d'indépendance !

Nous allons en fait utiliser un raisonnement « par l'absurde ».

Prenons un exemple en dehors des statistiques : comment une femme peut-elle mettre en évidence l'importance des travaux ménagers qu'elle effectue pour sa famille ? Qu'elle ne fasse plus rien ! c'est un procédé qui pourra permettre à chacun de saisir la différence ! Puisqu'il y a une différence, un écart, entre l'état dans lequel se trouve la famille lorsqu'elle ne fait rien et celui dans lequel elle se trouvait avant, cela prouve qu'elle effectuait bien un travail ; et plus l'écart est grand, plus le travail effectué était important.

C'est un raisonnement semblable que nous allons utiliser : commençons par voir qu'elle serait la situation s'il n'y avait aucune relation, puis comparons cette situation à celle que nous avons obtenue. L'importance de l'écart traduira l'importance de la relation.

II - CALCUL DES EFFECTIFS THÉORIQUES

Pour constituer le tableau d'indépendance, on peut utiliser l'un ou l'autre des deux précédents tableaux.

Par exemple, avec le tableau des pourcentages en colonnes, nous lisons que la réussite globale est de 60 %. S'il n'y a pas de lien entre le sexe et la réussite, ce pourcentage doit être valable pour les garçons comme pour les filles. On aurait donc, pour les 70 garçons, 42 réussites, et pour les 130 filles, 78 réussites. On dira que l'***effectif attendu*** de la case garçon*réussite est 42. On parle aussi d'***effectif théorique***.

		RÉSULTATS AU BAC		
		Réussite	Échec	TOTAL
SEXE	Garçon	42 (60 %)	28 (40 %)	70
	Fille	78 (60 %)	52 (40 %)	130
	TOTAL	120 (60 %)	80 (40 %)	200

On peut calculer directement les effectifs attendus en cas d'indépendance :

$$\text{effectif attendu dans une case} = \frac{\text{total de la ligne} * \text{total de la colonne}}{\text{nombre total de sujets}}$$

Par exemple, on trouve l'effectif attendu de la case « réussite/garçon » en faisant : (70 * 120)/200 = 42.

Remarques

■ On pourrait également raisonner en termes de probabilités : la probabilité de réussir quand on est un garçon est égale à la probabilité de réussir (.60) multipliée par la probabilité d'être un garçon (.35) soit une probabilité de .60 *.35 = .21. Comme il y a 200 sujets, nous obtenons un effectif attendu de .21 * 200 = 42.

■ On peut remarquer que le tableau d'indépendance réalise des proportions égales en lignes et en colonnes :

$$\frac{42}{120}=\frac{28}{80}=\frac{70}{200} \qquad \frac{42}{78}=\frac{28}{52}=\frac{70}{130} \qquad \frac{42}{28}=\frac{78}{52}=\frac{120}{80}$$

III - LES ÉCARTS BRUTS

A - LE TABLEAU

Nous disposons donc de deux tableaux : celui des résultats obtenus ou observés et celui des résultats attendus ou théoriques.

On peut alors construire un troisième tableau et y reporter, dans chaque case, la différence, ou l'écart entre le nombre de sujets réellement obtenu et le nombre de sujets attendu en cas d'indépendance. Il s'agit donc d'un tableau d'***écarts bruts à l'indépendance*** dont les totaux en marge sont nécessairement nuls.

		RÉSULTATS AU BAC		
		Réussite	Échec	TOTAL
SEXE	Garçon	(30-42) = - 12	(40-28) = + 12	0
	Fille	(90-78) = + 12	(40-52) = - 12	0
	TOTAL	0	0	

B - ANALYSE DU TABLEAU D'ÉCARTS BRUTS

Un résultat positif dans une case indique qu'il y a dans cette case plus d'élèves qu'on en aurait attendu en cas d'indépendance. On parle de ***sur-représentation*** ou d'***attraction***. On dit par exemple qu'il y a sur-représentation des échecs chez les garçons et surreprésentation des réussite chez les filles, ou bien qu'il existe une attraction entre l'échec et les garçons et entre les filles et la réussite.

Inversement, un résultat négatif traduit le fait qu'il y a dans cette case moins d'élèves qu'on en attendait en cas d'indépendance. On parle alors de ***sous-représentation*** ou de ***répulsion.***

C - Remarque

Cette suite d'opérations constitue en fait une décomposition du tableau initial, comme on peut le voir sur le schéma suivant :

30	40	=	42	28	+	-12	+12
90	40		78	52		+12	-12

EFFECTIFS OBTENUS	=	indépendance	+	écarts à l'indépendance

IV - Les écarts pondérés

On peut penser que les écarts bruts à l'indépendance doivent être relativisés ou pondérés. En effet, un même écart de 12 sujets peut se trouver dans une case où l'on attendrait 78 sujets en cas d'indépendance ou bien dans une case où l'on en attendrait seulement 28. Il paraît donc judicieux de relativiser chaque écart en le divisant par le nombre attendu de sujets.

		RÉSULTATS AU BAC		
		Réussite	Échec	TOTAL
SEXE	Garçon	(-12/42) = - 0,29	(+12/28) = + 0,43	
	Fille	(+12/78) = + 0,15	(-12/52) = - 0,23	
	TOTAL			

A - Notion de contribution

Nous voyons alors que l'écart le plus important est constitué par l'échec relatif des garçons. Nous dirons que c'est cette case qui contribue le plus à l'écart global et qui apporte donc le plus d'informations sur le lien existant entre les résultats au bac et le sexe des élèves dans cet établissement.

B - Mise en garde

Lorsqu'une case contient un effectif attendu faible, la pondération doit être prise en compte avec circonspection.

FICHE 54 LIAISON ENTRE DEUX VARIABLES DICHOTOMIQUES : ÉVALUATION GLOBALE DU LIEN

Il peut sembler utile d'aller plus loin que l'analyse des sur- et sous-représentations présentées fiche 53, afin d'obtenir un indice qui évalue l'importance globale de la liaison sur l'ensemble des cases. Ceci est en particulier utile si l'on veut comparer des résultats obtenus dans différentes situations.

I - L'INDICE χ^2

L'indice χ^2 (prononcez khi deux ou khi carré) est très important en statistiques inférentielles. En statistiques descriptives, il va surtout servir comme élément entrant dans le calcul d'autres indices.

Plutôt que d'établir des écarts pondérés à l'indépendance, élevons au carré les écarts bruts avant de les pondérer. Sur les données de la fiche 51, on obtient le tableau suivant

		RÉSULTATS AU BAC		
		Réussite	Échec	TOTAL
SEXE	Garçon	$(-12^2/42)$ $= +3,43$	$(+12^2/28)$ $= 5,14$	
	Fille	$(+12^2/78)$ $= 1,85$	$(-12^2/52)$ $= 2,77$	
	TOTAL			

Les valeurs trouvées sont donc toujours positives (puisqu'il s'agit de carrés). La somme de ces valeurs correspond au symbole χ^2.

Nous trouvons ici $\chi^2 = 13,19$.

$$\chi^2 = \sum \frac{(\text{effectifs observés - effectifs attendus})^2}{\text{effectifs attendus}}$$

Le fait d'élever au carré les écarts avant de pondérer influence le signe et la valeur brute des contributions. Ici c'est la case «échec des garçons» qui contribue le plus au χ^2.

Le χ^2 exprime un lien global entre les deux variables. C'est un indice résumé. On ne doit donc pas oublier :

- d'analyser la contribution de chaque case à cet indice global.
- d'analyser le signe (attraction ou répulsion) des écarts dans chaque case.

II - INFLUENCE DU NOMBRE D'UNITÉS STATISTIQUES SUR LE χ^2

L'indice-résumé χ^2 prend en considération les effectifs. Que se passe-t-il si ces effectifs sont très importants, c'est-à-dire si le nombre total d'unités statistiques est très grand ?

Imaginons que le nombre total d'élèves soit multiplié par 10 ainsi que les effectifs de chaque case, soit le tableau suivant

		RÉSULTATS AU BAC		
		Réussite	Échec	TOTAL
SEXE	Garçon	300	400	700
	Fille	900	400	1 300
	TOTAL	1 200	800	2 000

Les effectifs attendus vont se trouver multipliés par 10, ainsi que les écarts. Les écarts pondérés seront inchangés.

Mais les carrés des écarts, pondérés, vont être multipliés par 10, et donc l'indice χ^2 va aussi être multiplié par 10 alors que la force du lien est la même que dans le tableau d'origine (les différences de pourcentages sont les mêmes).

Le fait que l'indice χ^2 soit dépendant du nombre d'observations rend difficile l'évaluation de la force du lien ou la comparaison de tableaux différents. C'est pourquoi l'on préfère souvent utiliser d'autres indices.

III - INDICES D'ÉVALUATION DE LA FORCE DE LA LIAISON

Un grand nombre de coefficients a été proposé. Le tableau ci-dessous permet d'appliquer les formules qui vont suivre.

		V1		
		Modalité 1	Modalité 2	TOTAL
V2	Modalité 1	a	b	n1
	Modalité 2	c	d	n2
	TOTAL	n3	n4	N

A - Indices les plus utilisés

L'intérêt majeur de ces coefficients réside dans le fait qu'ils ne dépendent pas du nombre d'unités statistiques, et que l'on connaît leur intervalle de variation. Les plus intéressants ont les propriétés suivantes :

- ils sont égaux à « 0 » en cas d'indépendance.
- ils tendent vers « 1 » en cas de dépendance (si les distributions marginales sont symétriques).

■ ils ne dépendent pas du nombre d'observations.

1) $$\text{coefficient Q de Yule} = \frac{ad - bc}{ad + bc}$$

■ en cas d'indépendance, on a bien Q = 0 puisque ad = bc = n1n2n3n4/N
■ en cas de dépendance stricte, on peut vérifier que Q = 1 (puisqu'une des diagonales est vide, ad ou bc = 0)
■ si une des cases seulement est nulle, ce coefficient présente des difficultés d'application (Q = 1, alors que la dépendance n'est pas stricte).
■ si n1#n3, le maximum de liaison ne peut atteindre 1.

2) $$\text{coefficient de Kendall} = \frac{ad - bc}{\sqrt{n1 * n2 * n3 * n4}}$$

3) $$\text{coefficient Phi} = \phi = \sqrt{\frac{\chi^2}{N}} = \text{coefficient de Kendall}$$

■ en cas d'indépendance, ces 2 derniers coefficients = 0 (ab = cd).
■ en cas de dépendance stricte, ces coefficients = |1|.
■ si n1 # n3, le maximum de liaison ne peut atteindre |1|.

Pour remédier au fait que le maximum de liaison n'atteigne pas toujours 1, on a proposé de diviser la valeur trouvée pour f par la valeur maximale possible pour f (dépendance la plus importante possible) compte tenu de l'hypothèse faite et des distributions marginales.

4) $$\text{coefficient de contingence C} = \sqrt{\frac{\chi^2}{\chi^2 + N}} = \sqrt{\frac{\phi^2}{\phi^2 + 1}}$$

La valeur maximale pour une liaison parfaite est égale à 0.707.

B - Autres indices

$$\text{O.R.= Odds ratios} = \frac{ad}{bc}$$

Ce coefficient varie entre 0 et l'infini. Il repose sur des rapports de probabilités. On calcule le rapport a/b puis le rapport c/d et l'on divise les deux résultats ; autrement dit,

■ en cas d'indépendance, ce coefficient est égal à 1.
■ entre 0 et 1, il indique un lien négatif.
■ entre 1 et l'infini, il exprime un lien positif.
■ on peut remarquer que Q de Yule = (O.R. - 1)/(O.R. + 1).

On lui préfère parfois le coefficient « log odds » qui consiste à prendre le logarithme du coefficient précédent. On a alors un indice qui varie de moins l'infini à plus l'infini, et qui est égal à zéro en cas d'indépendance. Il est surtout utilisé en statistiques inférentielles.

Russel et Rao = a/(a + b + c + d)

Jaccard, Needham = a/(a + b + c + d)

Dice = 2a/(2a + b + c)

Sokal et Sneath = a/(a + 2b + 2c)

Sokal et Michener = a/(a + b + c + d)

Kulzinsky = a/(b + c)

Rogers et Tanimoto = (a + d)/(a + d + 2b + 2c)

IV - CONSEILS

Il est préférable, dans un premier temps, de suivre la démarche indiquée fiches 53 et 54 et de constituer autant de tableaux que d'étapes dans le raisonnement. Ultérieurement, lorsque la logique de raisonnement devient familière, on peut grouper l'ensemble des calculs en un seul tableau et enchaîner toutes les opérations concernant une même case.
Chaque case d'un tableau sera divisée en 5 secteurs :

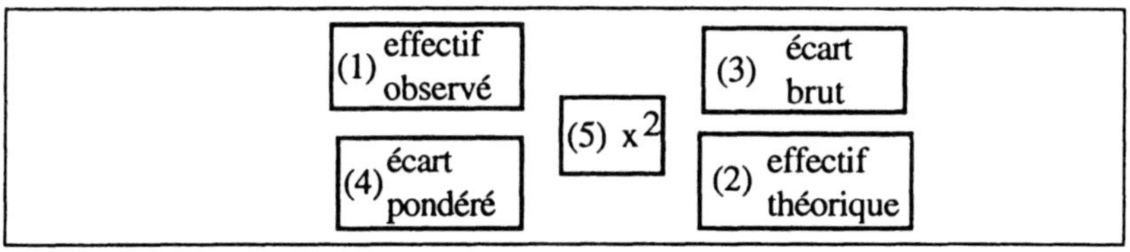

Les calculs s'enchaînent sans avoir à éteindre la machine :
1) on écrit l'effectif observé ;
2) on calcule, par la méthode habituelle, l'effectif théorique de la case que l'on reporte ;
2 bis) on change le signe de ce résultat en appuyant sur la touche appropriée de la machine (+/- ou CHS) ;
3) on ajoute à ce résultat la valeur de 1 (effectif observé). On obtient ainsi l'écart brut ;
4) on divise cet écart par 2 (effectif théorique) et l'on obtient donc l'écart pondéré ;
5) on multiplie ce résultat par l'écart brut et l'on obtient $\mathbf{x^2}$, participation de la case au χ^2 global.

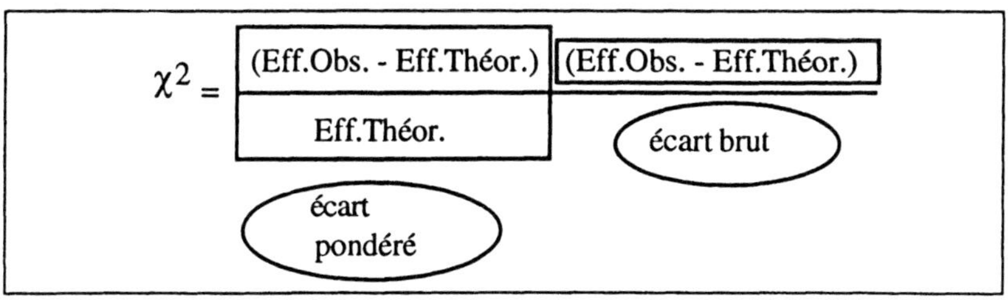

FICHE 55 ANALYSE DE L'ÉCART À LA DÉPENDANCE

Les analyses faites dans les fiches 53 et 54 ont comparé des résultats obtenus avec ceux que l'on aurait eus en cas d'indépendance totale entre les variables.

Nous pouvons construire de la même manière un tableau fictif contenant les résultats que l'on aurait obtenus au cas où il y aurait dépendance complète entre le sexe des sujets et leur résultat au bac.

I - ÉLABORATION DU TABLEAU DE DÉPENDANCE

Soit le tableau de données suivant :

		RÉSULTATS AU BAC		
		Réussite	Échec	TOTAL
SEXE	Garçon	30	40	70
	Fille	90	40	130
	TOTAL	120	80	200

Il faut tout d'abord définir dans quel sens on prévoit la relation.

Prévoyons une liaison dans le sens d'une réussite féminine et d'un échec masculin.

Une dépendance totale signifie que toutes les filles ont réussi et que tous les garçons ont échoué. Mais on ne peut échapper au fait que, dans l'établissement considéré, 70 garçons et 130 filles ont présenté le bac et que 120 élèves ont été reçus. Les marges du tableau initial doivent donc être préservées.

Nous allons donc remplir les cases en mettant seulement le plus de filles possibles en réussite et le plus de garçons possible en échec. Soit le tableau construit suivant :

		RÉSULTATS AU BAC		
		Réussite	Échec	TOTAL
SEXE	Garçon	0	70	70
	Fille	120	10	130
	TOTAL	120	80	200

II - LE PHI-MAXIMUM

Il n'est possible d'obtenir une liaison parfaite que si les marges sont les mêmes pour les deux variables, ce qui n'est pas le cas ici. Ce tableau nous permet de calculer le coefficient ϕ maximum que l'on pourrait obtenir en conservant les marges. Soit ϕ max ce coefficient.

Ici, ϕ max est égal à 0.90 (et non 1).

La valeur trouvée pour ϕ sur les données initiales était donc légèrement sous-estimée puisque, au maximum, ϕ ne pouvait pas être supérieur à 0,90 ; d'où l'idée d'utiliser le rapport ϕ/ϕmax ; nous obtenons ici 0,26/0,90 = 0,29.

III - LES ÉCARTS BRUTS

Comme précédemment, nous allons calculer les écarts bruts entre les effectifs obtenus et les effectifs attendus en cas de dépendance.

		RÉSULTATS AU BAC		
		Réussite	Échec	TOTAL
SEXE	Garçon	(30 - 0) = +30	(40 - 70) = -30	0
	Fille	(90 - 120) = -30	(40 - 10) = +30	0
	TOTAL	0	0	

On peut constater que ces écarts (30) sont supérieurs à ceux que nous avions par rapport à l'indépendance (12) (cf. fiche 53). Les données sont donc plus proches de l'indépendance totale que de la dépendance la plus forte possible.

L'hypothèse de meilleure réussite des filles n'est donc que partiellement acceptable, puisque nous avons 30 élèves en supplément ou en déficit par case par rapport à ce modèle.

FICHE 56

LIAISON ENTRE DEUX VARIABLES DICHOTOMIQUES : GROUPES APPAREILLÉS

Il faut toujours préciser avec soin les deux variables entre lesquelles on cherche une relation, et vérifier que les groupes sont bien indépendants. Dans certains cas, les mêmes données peuvent donner lieu à deux questions différentes, deux tableaux différents et deux réponses différentes.

EXEMPLE

Soit les résultats (réussite/échec) de 300 étudiants de première année de DEUG à deux modules. Le premier module comporte des enseignements de statistiques, le second des enseignements de psychologie de l'enfant.

A - Le tableau de données

Ce tableau comporte 300 lignes et deux colonnes

numéro	statistiques	psychologie
001	+	+
002	+	-
003	-	-
.	.	.
.	.	.
.	.	.
300	-	+

B - Première question

Existe-t-il une relation entre les performances aux deux épreuves ? Autrement dit, est-ce que ce sont plutôt les mêmes étudiants qui obtiennent ou échouent aux deux ? Autrement dit, la distribution des échecs et des réussites en statistiques est-elle la même pour les étudiants qui ont réussi le module de psychologie et pour ceux qui l'ont échoué ?

V1 = module de statistiques
- échelle nominale dichotomique (réussite/échec)
- repérée

V2 = module de psychologie de l'enfant
- échelle nominale dichotomique (réussite/échec)
- repérée

Chaque étudiant n'est que dans une modalité de chaque variable (il échoue ***ou*** il réussit chaque module).

On a alors le tri croisé suivant :

		V1 = statistiques		
		Réussite	Échec	TOTAL
V2 = psycho	Réussite	180	50	230
	Échec	10	60	70
	TOTAL	190	110	300

Ce tableau se traite suivant la méthode indiquée fiches 53 à 55. On obtient un coefficient $\chi^2 = 94.6$ et $\phi = .56$. Il y a donc une bonne relation entre les résultats obtenus en statistiques et ceux obtenus en psychologie pour ces 300 étudiants. L'étude des signes des écarts indique des attractions entre réussites d'une part et entre échecs d'autre part.

C - Deuxième question

Un des deux modules est-il plus facile que l'autre ? Autrement dit, existe-t-il une différence de réussites suivant les modules ? Autrement dit, le nombre de reçus est-il le même pour les deux modules ? Autrement dit, y a-t-il une relation entre les résultats (réussite/échec) et le type de module (statistiques/psychologie) ? Autrement dit, la distribution des échecs et des réussites est-elle la même pour le module de statistiques et pour celui de psychologie ?

V1 = résultat
- échelle nominale dichotomique (réussite/échec)
- repérée

V2 = type de module
- échelle nominale dichotomique (psycho/stats)
- repérée

Chaque étudiant est bien dans une seule modalité de V1, mais il est dans les deux modalités de V2 (il passe les deux modules).

1. Réponse 1

Si l'on établissait le tableau croisant V1 et V2, on obtiendrait le tableau suivant

		V1 = résultats		
		Réussite	Échec	TOTAL
V2 = module	Psycho	230	70	300
	Stats	190	110	300
	TOTAL	420	180	600

Nous pouvons constater que le taux de réussite est meilleur pour le module de psychologie de l'enfant (77 %) que pour le module de statistiques (63 %). ***Mais*** pour remplir ce tableau, on a utilisé les marges du tableau précédent et l'on aurait totalement perdu une information importante : le nombre d'étudiants ayant réussi ou échoué aux deux modules. De plus, on a au total 600 sujets, alors qu'on a, de fait, seulement 300 étudiants.

2. Réponse 2

Les étudiants qui ont échoué ou réussi aux deux modules ne nous apportent pas d'information sur la différence de difficulté des deux modules. Ce qui nous intéresse ici, c'est la différence de réussite selon les modules pour les étudiants qui ont réussi un module et échoué à l'autre.

Effectifs théoriques

Nous constatons sur le premier tri croisé que 60 étudiants ont des résultats différents aux deux modules. Si les deux modules étaient d'égale difficulté, c'est-à-dire s'il y avait indépendance entre la réussite et le type de module, on devrait avoir autant d'étudiants ayant réussi les statistiques que d'étudiants ayant réussi la psychologie de l'enfant, soit 30 et 30 comme effectifs attendus ou théoriques.

Écarts

Au lieu de cette répartition 30/30, nous avons 50 sujets ayant réussi au module de psychologie de l'enfant (et échoué à l'autre) contre seulement 10 qui ont réussi à celui de statistiques et échoué à l'autre. Nous pouvons donc dire que le module de statistiques a été beaucoup plus difficile à obtenir pour ces étudiants que celui de psychologie de l'enfant.

Chapitre 12

Liaison entre deux variables nominales ou ordinales en classes, dont l'une au moins a plus de 2 modalités. Degré de concordance interclassifications

FICHE 57

LIAISON ENTRE DEUX VARIABLES NOMINALES : PRÉSENTATION

Lorsque l'on veut croiser deux variables nominales ou deux variables ordinales en classes dont l'une au moins a plus de 2 modalités, la logique est la même que celle exposée au chapitre 11 pour les variables dichotomiques. On est cependant confronté à des difficultés particulières.

L'analyse des cases de sur-représentation et de sous-représentation doit être conduite avec plus d'attention. En effet, dans le cas d'une table 2*2, les écarts bruts à l'indépendance sont les mêmes dans les quatre cases du tableau, et le signe qui spécifie l'attraction ou la répulsion est le même dans les deux cases d'une même diagonale. Les deux modalités de chaque variable jouent des rôles symétriques : à une attraction dans une case correspond une répulsion équivalente dans l'autre case de la ligne et dans l'autre case de la colonne.

Dans le cas de variables nominales ayant plus de deux modalités, les caractéristiques de forme et de direction (positive ou négative) de la relation ne sont plus pertinentes puisqu'il n'est pas question d'« augmentation » ou de « diminution » des modalités des variables ; on ne pourra donc pas se contenter du calcul des coefficients globaux de relation pour décrire cette relation. ***L'inspection des résultats case par case devient indispensable***. Quant aux variables ordinales en classes, nous verrons qu'il est difficile de prendre en compte leur caractère ordonné.

Soit par exemple un tableau croisant une variable V1 ayant deux modalités et une variable V2 ayant 3 modalités ; ce tableau 3*2 comporte donc 6 cases que nous appellerons a, b, c, d, e, f. La somme des écarts bruts en lignes et en colonnes est nécessairement égale à zéro. Imaginons que nous ayons obtenu un écart brut égal à + 11 pour la première case a.

	V2			
V1	a = + 11	b	c	0
	d	e	f	0
	0	0	0	

Nous voyons que la case d doit obligatoirement comporter un écart égal à -11. Mais nous ne pouvons pas remplir le reste du tableau. Nous savons seulement que (b + c) = -11, mais ceci peut correspondre à de multiples cas de figures, y compris que b ou c soit également positif, la troisième case ayant une répulsion importante. La relation entre V1 et V2 peut donc prendre des formes tout à fait différentes.

FICHE 58

LIAISON ENTRE DEUX VARIABLES NOMINALES : EXEMPLE

I - EXEMPLE

Le tableau suivant inspiré d'une recherche de Bourdieu (« Homo Academicus », Éditions de Minuit, 1984), croise la discipline choisie par 393 enseignants du supérieur et le type d'établissement dans lequel ils ont effectué leurs études secondaires.

Nous obtenons la distribution bi-variée de ces enseignants suivant deux variables : la discipline enseignée et l'établissement d'origine.

L'hypothèse que l'on formule est celle d'un lien entre ces deux variables repérées.

On pourrait dire, compte tenu de la chronologie, que la discipline enseignée est la variable « à expliquer » et que l'établissement secondaire fréquenté est la variable « explicative ».

En fait, ce tableau est extrait d'une étude beaucoup plus vaste prenant en considération un grand nombre de variables et qui cherche à dégager les grandes oppositions entre fractions de la classe dominante universitaire.

	sciences	lettres	droit	médecine	
grand lycée parisien	29	47	9	8	93
autre lycée parisien	35	27	11	29	102
lycée de province	51	36	46	17	150
enseignement privé	8	9	20	11	48
	123	119	86	65	393

Dans cette optique, les deux variables considérées ne sont que deux éléments de ces oppositions, et leur lien serait expliqué par le fait qu'elles sont toutes deux parties intégrantes des « habitus ».

Les dichotomies « variable à expliquer/variable explicative » ou « variable indépendante/variable dépendante » ne semblent donc pas pertinentes pour cet exemple.

II - ANALYSE DES POURCENTAGES

Nous pouvons procéder à l'étude des pourcentages en lignes ou en colonnes :

	sciences	lettres	droit	médecine	
grand lycée parisien	31 % 24 %	51 % 39 %	10 % 10 %	9 % 10 %	100 % 24 %
autre lycée parisien	34 % 28 %	26 % 23 %	11 % 13 %	28 % 45 %	100 % 26 %
lycée de province	34 % 41 %	24 % 30 %	31 % 53 %	11 % 26 %	100 % 38 %
enseignement privé	17 % 6 %	19 % 8 %	42 % 23 %	23 % 17 %	100 % 12 %
	31 % 100 %	30 % 100 %	22 % 100 %	17 % 100 %	100 % 100 %

Nous constatons, sur ce tableau, que les anciens élèves de l'enseignement privé se retrouvent très nombreux en droit (42 % d'entre eux contre 22 % pour l'ensemble des sujets) ; cependant, le gros contingent des enseignants de droit provient des lycées de province (sur 100 enseignants de droit, 53 viennent d'un lycée de province). Nous voyons, sur cet exemple, la difficulté d'analyser ce type de tableau uniquement à l'aide de pourcentages puisqu'il n'y a pas réciprocité (symétrie) des informations recueillies sur les lignes et les colonnes. Nous pouvons seulement remarquer que, dans certaines cases, les pourcentages s'éloignent fortement des pourcentages correspondant en bout de ligne ou en bout de colonne. Ainsi, les cases « enseignement privé * droit » ou « médecine * autre lycée parisien ».
Pour étudier une relation symétrique entre les deux variables, on doit prendre en compte à la fois la distribution marginale des lignes et celle des colonnes.

III - ANALYSE DES ÉCARTS À L'INDÉPENDANCE

Suivant le même raisonnement que celui que nous avons employé au chapitre précédent, nous pouvons calculer les effectifs théoriques (attendus en cas d'indépendance, c'est-à-dire dans le cas où il n'y aurait aucune relation entre les variables). On peut dire métaphoriquement que l'on réalise ainsi les conditions de l'état d'équilibre du système, compte tenu des contraintes que représentent les distributions marginales.
Rappelons que, pour chaque case, il faut multiplier le total de la ligne par le total de la colonne et diviser par le nombre total d'unités statistiques. Afin de distinguer les effectifs théoriques des effectifs observés, nous avons gardé un chiffre après la virgule, suivant un conseil de Ph. Cibois.

	sciences	lettres	droit	médecine	
grand lycée parisien	29,1	28,1	20,4	15,4	93
autre lycée parisien	31,9	30,9	22,3	16,9	102
lycée de province	46,9	45,4	32,8	24,8	150
enseignement privé	15	14,5	10,5	7,9	48
	123	119	86	65	393

On peut calculer, pour chaque case, la différence entre l'effectif observé et l'effectif théorique. On obtient le tableau ci-dessous d'écarts bruts à l'indépendance. Ces écarts représentent ce qu'il faudrait ajouter ou retrancher à chaque case pour retrouver l'état d'équilibre du tableau. Ces écarts sont ensuite pondérés (chiffres entre parenthèse).

	sciences	lettres	droit	médecine	
grand lycée parisien	- 0,1	+18,9 (+0,67)	-11,4 (-0,56)	-7,4 (-0,48)	0
autre lycée parisien	+3,1 (+0,10)	-3,9 (-0,13)	-11,3 (-0,51)	+12,1 (+0,72)	0
lycée de province	+4,1 (+0,09)	-9,4 (-0,21)	+13,2 (+0,40)	-7,8 (-0,31)	0
enseignement privé	-7 (-0,47)	-5,5 (-0,38)	+9,5 (+0,90)	+3,1 (+0,39)	0
	0	0	0	0	0

Nous voyons se dessiner une organisation particulière, les écarts bruts ayant des valeurs différentes selon les cases. Il existe bien un lien entre les deux variables considérées (puisqu'il y a des écarts par rapport au modèle d'indépendance) ; autrement dit, la répartition de ces enseignants dans les différentes disciplines ne s'est pas faite indépendamment du type d'établissement secondaire fréquenté ou le type d'établissement secondaire fréquenté à quelque chose à voir avec la discipline qu'ont choisie ultérieurement les élèves qui sont devenus enseignants dans le supérieur.

IV - CONTRIBUTION DES CASES

L'analyse doit se poursuivre afin de spécifier quelles sont les cases qui contribuent le plus à ce lien global, c'est-à-dire celles qui s'éloignent le plus du modèle d'équilibre.

Si l'on considère les écarts pondérés, on peut remarquer que les trois plus importants se situent dans des cases de sur-représentation, montrant une proximité particulière entre les grands lycées parisiens et les enseignants de lettres, entre les autres lycées parisiens et la médecine, et entre les établissements privés et le droit. À l'inverse, les enseignants de sciences viennent peu du privé, le droit est relativement sous-représenté dans les lycées parisiens et les grands lycées parisiens sont sous-représentés en médecine.

On peut également lire ce genre de tableau en suivant une ligne ou une colonne particulière. Nous voyons par exemple que les grands lycées parisiens sont sur-représentés parmi les enseignants de lettres et sous-représentés en droit et en médecine.

V - ÉVALUATION GLOBALE DU LIEN

Plusieurs indices permettent d'évaluer la dépendance globale entre ces deux variables, fondés le plus souvent sur le χ^2. Rappelons qu'il faut élever au carré les écarts de chaque case avant de les pondérer et sommer les résultats.

$$\chi^2 = \sum \frac{(\text{effectifs observés - effectifs attendus})^2}{\text{effectifs attendus}}$$

Cet indice est dépendant du nombre total d'observations, et d'autres coefficients ont été élaborés qui ne présentent pas cet inconvénient ; leur valeur est nulle en cas d'indépendance, mais elle peut être inférieure à 1 ou dépasser 1 en cas de dépendance (ce qui n'était pas le cas avec des variables dichotomiques).

$$\text{coefficient Phi} = \phi = \sqrt{\frac{\chi^2}{N}}$$

la valeur maximale de ϕ peut être supérieure à 1.

$$\text{coefficient de contingence C} = \sqrt{\frac{\chi^2}{\chi^2 + N}} = \sqrt{\frac{\phi^2}{\phi^2 + 1}}$$

la valeur maximale de C est $\sqrt{(q-1)} / \sqrt{q}$, q étant le nombre de modalités de la variable qui en comporte le plus.

Le coefficient C a donc pour maximum	- 0,95	pour un tableau		10*10
	- 0,89	«	«	5*5
	- 0,87	«	«	4*4
	- 0,82	«	«	3*3

Nous trouvons pour notre exemple une valeur de $\phi = 0.40$. Nous avons donc un lien global moyen entre la discipline enseignée par ces enseignants et le type d'établissement dans lequel ils ont fait leurs études secondaires.

Il est facile de réaliser que l'on aurait pu obtenir les mêmes valeurs de coefficients avec des effectifs observés totalement différents ; c'est pourquoi le calcul d'indices globaux ne présente ici qu'un intérêt limité, alors que l'analyse case par case apporte des informations importantes.

FICHE 59

DEGRÉ D'ACCORD INTERCLASSIFICATIONS

L'accord entre des jugements ou des diagnostics posés par deux personnes différentes ou entre un pronostic et un résultat sont les cas de figure-types où la relation attendue entre deux variables nominales concerne des cases très particulières du tableau croisé. De même si l'on étudie la liaison entre l'orientation en fin de troisième désirée par les élèves et celle décidée par le conseil de classe. Une sur-représentation dans la case « terminale C choisie »*« terminale B décidée » ne serait pas en faveur d'un accord, alors même qu'elle pourrait entraîner un important coefficient de contingence.
Il existe différents moyens pour mesurer l'importance d'une concordance ou d'un accord interclassifications correspondant à des sur-représentations dans des cases particulières d'une table de contingence, entre autres, le coefficient ***kappa de Cohen*** et le coefficient ***K de Coleman***. Ce dernier étant un coefficient « asymétrique », nous ne l'étudierons pas ici.

I - LE KAPPA DE COHEN

On analyse les cases dans lesquelles on prédit les attractions en comparant la fréquence des observations qui s'y trouvent par rapport à celle que l'on aurait en cas d'indépendance selon les probabilités liées aux marges.
- soit f (o) la fréquence des sujets se trouvant dans les cases correspondant à l'hypothèse ;
- soit f (a) la fréquence des sujets attendus en cas d'indépendance (le calcul se fait de la manière habituelle) :

$$\text{kappa} = \frac{f(o) - f(a)}{1 - f(a)}$$

Un signe négatif de la valeur trouvée indique que les résultats vont en sens inverse de l'hypothèse formulée : les effectifs observés dans les cases où l'on attendait des surreprésentations importantes sont inférieurs aux effectifs attendus dans ces cases en cas d'indépendance.

Ce coefficient varie de (- f (a) / (1-f (a)) (désaccord total)
à 1 (accord parfait)
en passant par 0 (indépendance).

II - APPLICATION

Prenons pour exemple celui proposé par Cohen (1968). Deux psychiatres différents doivent porter un diagnostic sur 200 malades. Les modalités possibles sont : « troubles de la personnalité », « névrose » et « psychose ».
Le tableau ci-dessous indique les effectifs observés et théoriques, les écarts bruts et pondérés et la participation au χ^2, suivant les conseils donnés fiche 55.

		JUGE A			
		troubles	névrose	psychose	
JUGE B	troubles	88 +28 13.1 0.47 60	14 -22 13.4 0.6 36	18 -6 1.5 0.25 24	120
	névrose	10 -20 13.3 0.67 30	40 +22 26.9 1.22 18	10 -2 0.3 0.17 12	60
	psychose	2 -8 6.4 0.8 10	6 0 0 0 6	12 +8 16 2 4	20
		100	60	40	200

Nous obtenons un χ^2 total de 90,90, soit C = 0,56 et ϕ = 0.67
Nous avons donc une assez bonne relation entre les diagnostics posés par les deux psychiatres. Nous pouvons d'autre part remarquer que les surreprésentations se trouvent bien dans les cases attendues : même diagnostic formulé par les 2 juges. On peut néanmoins souhaiter avoir une mesure plus précise de l'accord attendu.
Calculons le coefficient kappa :
f (o) = (88 + 40 + 12)/200 = 0,70
f (a) = (60 + 18 + 4)/200 = 0,41

$$\text{kappa} = \frac{0,70 - 0,41}{1 - 0,41} = + 0,49$$

Nous obtenons un signe positif indiquant un accord, et une valeur assez forte du coefficient indiquant que cet accord est assez bon.

III - REMARQUE

Remarquons également qu'à partir du moment où les 2 juges n'ont pas diagnostiqué le même nombre de malades dans chaque catégorie, l'accord ne pourra jamais être total. En effet, prenons par exemple la catégorie des troubles de personnalité. Dans la mesure où un juge a établi ce diagnostic pour 120 malades et où l'autre ne l'a utilisé que pour 100 patients, l'accord observé dans la case croisant les deux diagnostics ne peut concerner que 100 personnes au plus, les 20 patients restants devant se répartir dans des cases de désaccord. ***Le coefficient kappa*** prend en compte ce fait et ***ne peut être égal à 1 que si les distributions marginales sont les mêmes pour les deux variables.***

FICHE 60 INFLUENCE DES REGROUPEMENTS ET DES SUPPRESSIONS DE MODALITÉS

Le découpage en classes d'une variable nominale est souvent un peu arbitraire, et les conclusions que l'on tire d'un tableau de contingence devraient toujours indiquer une restriction « compte tenu des découpages choisis pour les variables ». Le tableau de la fiche 58 en est un bon exemple : les conclusions ne sont valables que «par rapport aux découpages et regroupements effectués sur les disciplines et sur les établissements». En effet, les deux variables étudiées auraient pu faire l'objet d'autres catégorisations, d'autres découpages. On aurait pu par exemple distinguer les « grands lycées de province » des autres ou bien l'« enseignement privé parisien » de l'« enseignement privé de province », etc. De la même manière, on aurait pu procéder à un regroupement de modalités, par exemple « sciences + médecine » et « lettres + droit », ou bien à la suppression de certaines modalités. Nous allons voir que les résultats mis en évidence sont tributaires des découpages choisis.

I - REGROUPEMENT DE MODALITÉS

Le regroupement de modalités est souvent utilisé lorsqu'une ou plusieurs cases d'un tableau comportent un effectif faible. Cette procédure est également employée dans les enquêtes pour présenter les résultats obtenus à des questions d'opinions pour lesquelles on a offert aux sujets la possibilité de réponses très modulées, sans que cette précision intéresse véritablement le chercheur. On regroupe par exemple les modalités « pas du tout favorable », et « peu favorable » dans une modalité unique « non favorable » et les modalités « tout-à-fait favorable », et « très favorable » dans une modalité unique « favorable ».

Reprenons l'exemple de la fiche 58 et regroupons dans une même modalité toutes les disciplines « non-sciences ». Cette opération n'a pas modifié les marges du tableau ; nous n'aurons donc pas de modification des effectifs attendus dans les cases du tableau qui existaient déjà dans le tableau d'origine. Pour ces cases, les effectifs observés étant bien sûr inchangés, les écarts bruts et pondérés seront donc les mêmes que dans le tableau initial.

Nous obtenons le tableau suivant :

	sciences		autres		
grand lycée parisien	29 0	- 0.1 29.1	64 0	+ 0.1 63.9	93
autre lycée parisien	35 0.1	+ 3.1 31.9	67 0.1	- 3.1 70.1	102
lycée de province	51 0.1	+ 4.1 46.9	99 0	- 4.1 103.1	150
enseignement privé	8 0.5	- 7 15	40 0.2	+ 7 33	48
	123		270		393

Globalement, les écarts à l'indépendance sont faibles. Lorsque les sciences sont opposées à l'ensemble des autres disciplines, le seul écart à l'indépendance quelque peu notable correspond à la sous-représentation des enseignants de sciences issus du privé. Les autres informations contenues dans le tableau initial se retrouvent « noyées » par le regroupement. On peut en effet remarquer que ce regroupement a amalgamé des cases dans lesquelles nous avions des écarts positifs et des cases qui contenaient des écarts négatifs.

Remarque
Il est important de noter que le regroupement de modalités n'affecte pas les informations concernant les cases qui n'ont pas été regroupées ; en effet, les totaux marginaux restant inchangés, les effectifs attendus restent les mêmes et donc les écarts dans ces cases restent inchangés. Ceci n'est pas le cas lorsque l'on supprime des modalités.

II - SUPPRESSION DE MODALITÉS

Reprenant le même tableau initial, nous pourrions par exemple nous intéresser uniquement aux « sciences » et aux « lettres ». Les totaux marginaux ayant changé, les effectifs théoriques vont l'être également ainsi que les écarts bruts et les écarts pondérés. Soit le tableau suivant

	sciences		lettres		
grand lycée parisien	29 0.25	- 9.6 38.6	47 0.3	+ 9.6 37.4	76
autre lycée parisien	35 0.1	+ 3.5 31.5	27 0.1	- 3.5 30.5	62
lycée de province	51 0.15	+ 6.8 44.2	36 0.2	- 6.8 42.8	87
enseignement privé	8 0.1	- 0.6 8.6	9 0.1	+ 0.6 8.4	17
	123		119		242

Nous constatons alors que l'écart pondéré le plus notable se trouve dans la ligne des « grands lycées parisiens » lesquels fournissent, par rapport aux autres établissements, un lot important d'enseignants de lettres par rapport aux sciences. L'enseignement privé est celui qui, dans ce tableau, apporte le moins d'informations. Il est important de noter que la suppression de modalités affecte l'ensemble des écarts (bruts et pondérés) du tableau initial.

III - INQUIÉTUDE ?

Cette sensibilité des résultats vis-à-vis du découpage des variables peut sembler tout à fait inquiétante. Selon nous, le problème se pose différemment selon que l'on est dans une démarche descriptive ou dans une démarche inférentielle. Dans le second cas, en effet, il existe certains impératifs d'homogénéité des sujets classés dans la même modalité d'une variable. Dans le premier cas, à l'inverse, la comparaison de résultats provenant de tableaux résultant de découpages différents peut se révéler tout à fait fructueuse.

FICHE 61

LIAISON ENTRE DEUX VARIABLES ORDINALES EN CLASSES

L'analyse numérique de la liaison entre deux variables ordinales en classes est semblable à celle de la liaison entre variables nominales.

Il est en effet très difficile de tenir compte de l'aspect ordonné des modalités : on pourra calculer les écarts bruts, puis pondérés, etc. (cf. chapitre 12).

I - EXEMPLE

Prenons l'exemple fictif d'un instituteur qui souhaite montrer qu'il existe un lien entre le QI des 500 garçons de son établissement et celui de leurs pères. Pour cela, il fait passer un test de QI à chaque garçon et à chaque père.

Les résultats sont seulement codés « faible/moyen/fort ».

II - TABLEAU DES ÉCARTS

L'instituteur dispose ensuite les résultats codés dans une table de contingence qui croise donc deux variables ordinales ayant chacune 3 modalités ordonnées.

Le tableau ci-dessous indique les effectifs observés et théoriques, les écarts bruts et pondérés et la participation au χ^2.

		QI DES FILS			
		faible	moyen	fort	
QI	faible	20 -49 34.8 0.7 69	100 +61 95.4 1.6 39	30 -12 3.4 0.3 42	150
des	moyen	200 +85 62.8 0.7 115	20 -45 31.2 0.7 65	30 -40 22.9 0.6 70	250
pères	fort	10 -36 28.2 0.8 46	10 -16 9.8 0.6 26	80 +52 96.6 1.9 28	100
		230	130	140	500

Le tableau indique, par exemple, que 20 garçons ayant des QI faibles ont des pères ayant eux-mêmes des QI faibles.

III - ANALYSE DE LA RELATION

Analysons ce tableau sans tenir compte de l'aspect ordonné des modalités :

Nous pouvons calculer un coefficient qui nous indiquera la force du lien global, un coefficient de contingence par exemple. Nous commençons par le calcul du χ^2 :

$\chi^2 = 34,8 + 95,4 + 3,4 + 62,8 + 31,2 + 22,9 + 28,2 + 9,8 + 96,6 = 385$

$C = \sqrt{385 / (385 + 500)} = \sqrt{0.43} = 0,66 \quad (\phi = 0,88)$

Les coefficients obtenus traduisent un lien très important entre le QI des garçons et celui de leur père.

IV - ANALYSE DE LA CONCORDANCE

En fait, l'hypothèse formulée est implicitement beaucoup plus précise qu'une simple hypothèse de relation. L'auteur d'une telle recherche postule un lien linéaire tel que les cases de sur-représentation se trouveraient aux croisements « fort/fort », « moyen/moyen » et « faible/faible ». On attend des attractions importantes dans ces cases et des répulsions importantes dans les autres cases.

Si l'on considère les écarts bruts, on peut constater qu'il n'en est rien et que les cases de forte attraction ne se trouvent pas dans la diagonale attendue, figure que l'on obtiendrait si le lien était linéaire monotone positif.

On peut d'ailleurs remarquer qu'en cas de lien linéaire parfait, tous les sujets seraient dans la diagonale, autrement dit il y aurait une ***concordance*** totale entre le QI des garçons et celui de leur père, et pas seulement un lien entre les deux variables. Nous allons examiner comment évaluer ce degré de concordance.

Dans l'exemple que nous avons pris, l'hypothèse concernait une diagonale particulière.

f (o) = (20 + 20 + 80)/500 = 0,24

f (a) = (150*230/500) + (250*130/500) + (100*140/500)/500 = 0,32

$$\text{kappa} = \frac{f(o) - f(a)}{1 - f(a)} = \frac{0,24 - 0,32}{1 - 0,32} = - 0,12$$

Le signe négatif de la valeur trouvée indique que les résultats vont en sens inverse de l'hypothèse formulée.

Nous voyons alors que si une relation globale existe entre le QI des pères et celui de leurs fils, la forme de la relation n'est pas la forme prévue ; nous obtenons même des résultats inverses à ceux attendus.

Chapitre 13

Liaison entre deux variables mesurées sur des échelles de classement : coefficient de Spearman, coefficient de Kendall

FICHE 62

LIAISON ENTRE DEUX CLASSEMENTS : PRÉSENTATION GÉNÉRALE

Il arrive que les données de base sur lesquelles on travaille soient des variables directement mesurées sur des échelles ordinales de classements. Dans d'autres cas, les mesures sont effectuées sur des échelles numériques mais on peut être amené à les transformer en données de classement (pour éviter par exemple de donner trop de poids à des valeurs extrêmes).

I - EXEMPLES

A - EXEMPLE 1

L'exemple le plus « classique » concernait les classements scolaires. L'usage s'en est un peu perdu, mais autrefois les résultats de toute « composition » (aujourd'hui, on dit contrôle) étaient présentés sous forme de classement, classement qui recodait les notes brutes obtenues. La question, tout aussi « classique », concernait l'éventuelle relation entre ces classements.

B - EXEMPLE 2

Les épreuves sportives donnent souvent lieu à classements, en particulier les épreuves de vitesse. Les courses de chevaux donnent souvent lieu à des paris sur l'ordre d'arrivée des premiers chevaux. On pourrait imaginer un nouveau type de pari qui consisterait à classer intégralement les participants à une course. Le classement de chaque parieur pourrait ensuite être mis en relation avec le classement effectif des chevaux, et l'on pourrait calculer un taux de liaison entre le pronostic et le résultat.

II - MISE EN GARDE

Une variable mesurée sur une échelle de classement est une variable qui ordonne les unités statistiques. Le nombre de modalités possibles est égal au nombre d'unités statistiques.

Bien définir les variables et les unités statistiques

Imaginons une enquête dans laquelle on demande à 200 sujets de classer différentes cibles par ordre de préférence, par exemple 8 émissions de télévision puis 6 vedettes de la chanson. Les sujets donnant des classements, il est alors tentant, si on ne fait pas très attention, de définir une variable « ordre de préférence des émissions » et une autre « ordre de préférence des chanteurs » et d'affirmer un peu rapidement que l'on va chercher une relation entre ces deux variables.

Dans un tel cas, comment préparer le tableau de recueil de données ?

Si l'on prévoit deux colonnes (puisque deux variables), on aura des difficultés pour « caser » toutes les réponses d'un même sujet. En fait, pour chacune des variables ainsi définies, chaque sujet donne plusieurs réponses : autant de réponses qu'il y a d'objets à classer, 8 d'un côté et 6 de l'autre. On se rend alors compte qu'on a mal posé le problème, puisqu'on ne peut avoir qu'une observation par sujet pour une variable. On a en fait mélangé « nombre de questions posées » (il y en a 2) et « nombre de réponses données » (il y en a 8 + 6 = 14). On confond classement ***des*** unités statistiques et classement ***par*** les unités statistiques. Il faut « casser » chaque question en autant de variables qu'il y a d'objets à classer. On obtient alors, par exemple, « rang donné aux films », « rang donné aux émissions sportives », etc ; et « rang attribué au chanteur A », « rang attribué au chanteur B », etc. Mais alors, ces variables ne sont pas mesurées sur des échelles de classement puisque le nombre de modalités possibles est égal au nombre d'objets en concurrence !

Il s'agit en fait de variables ordinales en classes :

- chaque variable comporte autant de modalités possibles que d'objets à classer (8 pour les émissions de télévisions et 6 pour les vedettes de la chanson) ;
- de nombreux sujets peuvent être dans une même modalité d'une variable (plusieurs personnes ont pu attribuer le rang 2 à la même émission, etc.).

FICHE 63

LIAISON ENTRE DEUX CLASSEMENTS : DÉMARCHE SUR UN EXEMPLE

I - POSER LA PROBLÉMATIQUE

Dans son ouvrage « La distinction », P. Bourdieu rapporte les résultats d'une enquête effectuée en 1970 où l'on demandait entre autres aux sujets de cocher dans une liste de 9 les morceaux de musique qu'ils aimaient. Les sujets étaient issus soit de « classes populaires », soit de « classes supérieures » Nous avons classé les œuvres suivant le nombre de fois où elles avaient été citées par chaque groupe. On se demande s'il y a une relation entre le classement effectué par les sujets de classes supérieures et le classement effectué par les sujets de classes inférieures.

II - ÉNONCER LES HYPOTHÈSES

Des classes sociales différentes se différencient quant à leurs goûts pour la musique. Le classement des œuvres opéré par les sujets de classes populaires n'est pas lié au classement effectué par les sujets de classes supérieures.

III - DÉFINIR LES VARIABLES

Nous avons 9 unités statistiques (les œuvres musicales)
a : Arlésienne, b : Beau Danube bleu, c : Traviata, d : Danse du sabre, e : Rhapsodie in blue, f : Rhapsodie hongroise, g : Crépuscule des dieux, h : Petite musique de nuit, i : Quatre saisons.
Chaque morceau est le support de deux observations :

V1 = classement correspondant aux classes populaires
- échelle ordinale de classements à 9 modalités
- repérée

V2 = classement correspondant aux classes supérieures
- échelle ordinale de classements à 9 modalités
- repérée

IV - PRÉPARER LE TABLEAU DE RECUEIL DE DONNÉES

Pour la présentation, nous avons transposé les lignes et les colonnes.

	a	b	c	d	e	f	g	h	i
classes populaires	2	1	4	5	6	3	9	7	8
classes supérieures	7	5	8	9	4	2	6	3	1

V - REPRÉSENTATION GRAPHIQUE

La procédure décrite pour les variables numériques peut être utilisée. Le rang est pris comme unité, et la même échelle vaut pour les deux variables.

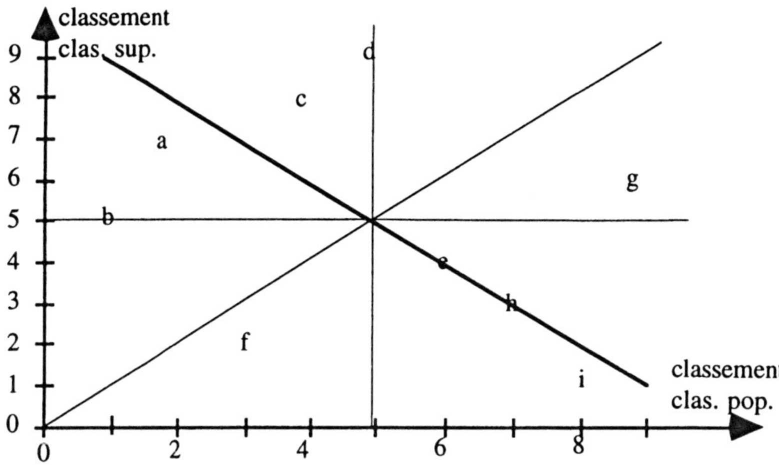

Les moyennes correspondent au rang moyen (ici 5), et nous pouvons examiner la direction du nuage ainsi que la position des œuvres musicales. La bissectrice de l'angle a ici un sens puisqu'elle correspond à une correspondance stricte des rangs. Une droite passant par les rangs (9,1) et (1,9) matérialise un classement totalement inverse.

On observe que 2 unités statistiques sont dans un cadran correspondant à une liaison positive : il s'agit de la Rhapsodie hongroise (f) qui obtient dans les deux groupes un classement inférieur au rang moyen et du Crépuscule des dieux (g) rejeté par les deux groupes. Les 7 autres morceaux sont dans des cadrans de relation inverse, le désaccord le plus important étant représenté par les Quatre saisons de Vivaldi (i), très peu choisi par les classes populaires et obtenant la première place dans les classes supérieures (on obtiendrait vraisemblablement aujourd'hui un renversement, les classes populaires s'étant emparées de cette marque de distinction, délaissée par les classes supérieures).

La direction du nuage s'établit plutôt dans une direction nord-ouest/sud-est traduisant une relation négative ou inverse. Les classes sociales semblent donc être ici en désaccord quant à leurs goûts musicaux.

VI - ÉVALUATION NUMÉRIQUE

L'évaluation numérique d'une telle relation est présentée fiche suivante.

FICHE 64

LIAISON ENTRE DEUX CLASSEMENTS : ÉVALUATION NUMÉRIQUE

Deux coefficients ont été proposés pour évaluer numériquement une relation entre deux variables de classements, et les calculs sont un peu différents suivant que les classements comportent ou non des ex aequo.

I - LES CLASSEMENTS NE COMPORTENT PAS D'EX AEQUO

A - LE RHO (R') DE SPEARMAN

Reprenons l'exemple de la fiche précédente

	a	b	c	d	e	f	g	h	i
classes popu. (X)	2	1	4	5	6	3	9	7	8
classes sup. (Y)	7	5	8	9	4	2	6	3	1

Nous pourrions considérer les rangs comme des notes et calculer un r de Bravais-Pearson selon la formule habituelle (cf. fiche 48). On peut néanmoins remarquer que de telles données présentent quelques singularités.

- La somme des rangs de la première variable ($\sum x$) dépend uniquement du nombre n d'unités statistiques, c'est-à-dire d'objets à classer ($\sum x = 1 + 2 + 3 + \ldots\ldots + n = n(n + 1)/2$)
- Il en est de même pour $\sum y$ et donc $\sum x = \sum y$.
- On voit aussi que $\sum x^2 = \sum y^2 = 1^2 + 2^2 + 3^2 + \ldots + n^2$
  $= n(n + 1)(2n + 1)/6$.

Spearman a ainsi montré que le calcul du coefficient r de Bravais-Pearson pouvait être plus rapidement effectué si l'on utilisait sa formule (appelée r'ou rho). Cette facilité de calcul était surtout intéressante quand on n'avait pas de calculatrice.

$$r' \text{ (ou rho)} = 1 - \frac{6 \sum d^2}{n(n^2 - 1)}$$

d = différence de rangs entre les 2 variables pour chaque unité statistique.

La valeur du coefficient trouvé a les mêmes caractéristiques que celles du r.

- r' varie entre -1 et + 1.

- r'est positif = corrélation positive : les classements variant dans le même sens.

- r'est négatif = corrélation négative : les classements variant en sens inverse.

- r'= + 1 : la concordance est parfaite. $\sum d^2 = 0$.

- r'= -1 : l'ordre est totalement inverse. $\sum d^2 = n\,(n^2-1)/3$.

- r'= 0 : indépendance totale entre les jugements.

	a	b	c	d	e	f	g	h	i	
classes popu. (x)	2	1	4	5	6	3	9	7	8	45
classes sup. (y)	7	5	8	9	4	2	6	3	1	45
d = différence	- 5	- 4	- 4	- 4	+2	+1	+3	+ 4	+7	
d^2 = différence^2	25	16	16	16	4	1	9	16	49	152

Nous obtenons

$$r' = 1 - \frac{6*152}{9(9^2-1)} = -0.27$$

On peut vérifier que le calcul habituel du coefficient r donne le même résultat ($\sum x = \sum y = 45$; $\sum x^2 = \sum y^2 = 285$; $\sum xy = 209$).

Nous voyons que les Quatre saisons (i) contribuent de manière importante à ce coefficient alors que la Rhapsodie hongroise (f) y contribue fort peu.

Ce résultat reflète une relation à tendance inverse, dont l'ampleur est peu importante mais qui peut laisser augurer quelques cacophonies les soirs d'été si chacun écoute sa musique préférée, la fenêtre ouverte, dans le cas (improbable !) d'une cohabitation entre les sujets ayant répondu à l'enquête.

B - Le tau de Kendall

La démarche à suivre est un peu différente :

- On ordonne par ordre croissant les unités statistiques suivant le rang obtenu pour la première variable.
- On prend ensuite chaque unité statistique en suivant cet ordre, et l'on détermine parmi les unités suivantes combien ont un rang supérieur au sien (liaison positive) et combien ont un rang inférieur (liaison négative).
- Soit S la différence entre le nombre de cas positifs et le nombre de cas négatifs.
- On détermine le nombre maximum possible de cas positifs (correspondance parfaite) par la formule $T = n\,(n-1)/2$.

■ On obtient

$$\text{Tau} = \frac{\Sigma S}{T}$$

Ce coefficient varie de -1 à + 1, mais pas suivant la même logique que r'. On ne peut donc comparer des relations calculées avec r'(ou r) et avec Tau.

Sur notre exemple :

	b	a	f	c	d	e	h	i	g	
x	1	2	3	4	5	6	7	8	9	
y	5	7	2	8	9	4	3	1	6	S
	5- >	+	2	+	+	-	-	-	+	0
		7- >	-	+	+	-	-	-	-	-3
			2- >	+	+	+	+	-	+	+4
				8- >	+	-	-	-	-	-3
					9- >	-	-	-	-	-4
						4- >	-	-	+	-1
							3- >	-	+	0
								1- >	+	+1
									$\Sigma S = -6$	

n (n-1)/2 = 36.
Tau = -6/36 = - 0.17
Le sens de la liaison est bien négatif, mais la valeur trouvée est différente de celle trouvée pour r'.

II - LES CLASSEMENTS COMPORTENT DES EX AEQUO

Des difficultés se présentent lorsque plusieurs unités statistiques ont le même rang.

A - CALCUL DES RANGS : MÉTHODE

Lorsqu'on transforme des notes en rangs, il arrive souvent que plusieurs unités statistiques soient ex aequo. L'attribution des rangs ne se fait pas comme elle se fait habituellement. Dans une course de chevaux par exemple, les 2 chevaux arrivés en troisième position ont le rang 3. Le total des rangs devient alors différent de l'expression n (n + 1)/2 et diffèrera aussi suivant qu'on range les unités statistiques dans un sens (du plus rapide au plus lent) ou dans l'autre. Afin d'éviter ces inconvénients, le calcul des rangs des ex aequo repose sur une autre logique : on considère que, s'ils n'avaient pas exactement la même performance, ces deux chevaux auraient les rangs 3 et 4, soit au total 7. On leur attribue à chacun la moyenne de ces rangs, soit 7/2 = 3.5.

B - CALCUL DES RANGS : EXEMPLE

Prenons l'exemple suivant

	001	002	003	004	005	006	007
notes x	15	5	15	5	12	8	10
notes y	18	10	10	11	16	12	14

Classons les sujets sur x (de la meilleure note à la plus faible).

Les sujets 001 et 003 ont 15. On leur attribue (1 + 2)/2 = 1.5. Le sujet 005 a le rang 3 ; le sujet 007, le rang 4, le sujet 006 a le rang 5. Les sujets 002 et 004 ont la même note ; on leur donne le rang (6 + 7)/2 = 6.5.

On fait la même chose sur y.

	001	002	003	004	005	006	007
notes x	1.5	6.5	1.5	6.5	3	5	4
notes y	1	6.5	6.5	5	2	4	3

Si l'on a bien $\sum x = \sum y = n(n+1)/2 = 28$, les expressions $\sum x^2$ et $\sum y^2$ ne dépendent plus seulement de n. Le coefficient r'sera donc différent du coefficient r que l'on calculerait sur ces rangs.

Ici, nous obtenons r'(Spearman) = 0.46 et r (Bravais-Pearson) = 0.44.

Dans le cas où il y a de nombreux ex aequo, mieux vaut calculer r que r'(d'autant plus avec une calculatrice).

Le Tau de Kendall peut également être utilisé avec une correction assez lourde, mais son faible intérêt descriptif ne semble pas mériter de plus amples développements.

DÉFINITIONS

APPARIÉES ou APPAREILLÉES	Qualifient des données telles que les mêmes unités statistiques ont fourni au moins deux mesures pour une même variable. On parle aussi d'échantillons, de groupes, de séries ou d'observations appariés. On dit aussi « mesures répétées ».
ATTRACTION	cf. sur-représentation.
CARACTÈRE	cf. nominale.
CARRÉ MOYEN	cf. variance.
CENTILES	Modalités (valeurs) d'une variable qui séparent l'effectif total en cent « paquets » égaux contenant chacun un centième des observations.
DÉCILES	Modalités (valeurs) d'une variable qui séparent l'effectif total en dix « paquets » égaux contenant chacun un dixième des observations.
DÉPENDANCE ENTRE DEUX VARIABLES	cf. liaison entre deux variables.
DIAGRAMME EN BÂTONS	Représentation graphique d'une distribution dans laquelle l'effectif correspondant à chaque modalité est représenté par un bâton dont la hauteur est proportionnelle à cet effectif.
DICHOTOMIE	Partage d'une population selon deux modalités exclusives et exhaustives d'une variable. Une variable à 2 modalités est dite dichotomique ou binaire.
DISPERSION	Étalement des valeurs (modalités) prises par une variable (éventuellement autour d'une valeur centrale). Les principaux indices (ou paramètres) de dispersion sont l'indice de diversité, l'intervalle interquartiles et la variance (ou l'écart-type).
DISTRIBUTION ou DISTRIBUTION D'EFFECTIFS ou de FRÉQUENCE	Répartition des observations suivant les diverses modalités d'une variable. On parle aussi de tri à plat.
DOMINANTE	cf. mode.

ÉCART RÉDUIT	Indice de dispersion. Écart à la moyenne divisé par l'écart-type.
ÉCART-TYPE	Indice de dispersion. L'écart-type est la racine carrée de la variance.
ÉCART INTERQUARTILE	cf. intervalle interquartile.
EFFECTIF	Nombre d'observations associé à une variable ou à une modalité de variable.
ÉTENDUE	cf. intervalle de variation.
FACTEUR EXPÉRIMENTAL	cf. variable indépendante.
FRÉQUENCE	Rapport de l'effectif d'une modalité à l'effectif total d'un groupe. Nombre positif allant de 0 à 1.
HISTOGRAMME	Représentation graphique d'une distribution dans laquelle l'effectif correspondant à chaque modalité est représenté par un rectangle dont la hauteur est proportionnelle à cet effectif.
INDÉPENDANCE	S'oppose à liaison. Deux variables sont dites en indépendance - si la connaissance de la modalité prise par une unité statistique pour une variable n'améliore en rien le pronostic que l'on peut faire quant à la modalité prise par cette unité sur l'autre variable ; - si le passage d'une modalité à une autre modalité sur une variable ne s'accompagne d'aucun changement systématique de modalité sur l'autre variable.
INDÉPENDANTES	Se dit de données telles que chaque unité statistique n'a fourni qu'une seule mesure pour une même variable. On parle aussi d'échantillons, de séries, d'observations ou de groupes indépendants.
INDIVIDU STATISTIQUE ou UNITÉ STATISTIQUE	Tout élément de la population étudiée sur lequel on a pris au moins une mesure. Correspond à une ligne du tableau de données.
d'INTERVALLES (échelle/variable)	Dont les modalités sont ordonnées, séparées par des intervalles égaux et jouissent des propriétés attachées aux nombres. On dit aussi « numérique » ou « métrique ».

INTERVALLE DE VARIATION	Étendue limitée par la plus petite et la plus grande modalité d'une variable.
INTERVALLE INTERQUARTILE	Indice de dispersion. Différence entre le troisième et le premier quartile.
LIAISON ENTRE DEUX VARIABLES	S'oppose à indépendance. Deux variables dont dites « en liaison » (ou « en relation ») : - si le fait de connaître la modalité prise par une unité statistique pour l'une des variables améliore le pronostic que l'on peut faire quant à la modalité prise par cette unité pour l'autre variable ; - si le passage d'une modalité à une autre modalité pour une variable s'accompagne d'un changement systématique de modalité pour l'autre variable.
MÉDIANE	Indice de position. La médiane est la valeur (modalité) de la variable qui partage l'effectif total en deux parties égales contenant chacune la moitié des observations.
MODALITÉ	Toute éventualité possible d'une variable (un état, un classement, une valeur).
MODE ou DOMINANTE	Indice de position. Le mode est la valeur (modalité) de la variable qui présente l'effectif (ou la fréquence) le plus élevé.
MOYENNE ARITHMÉTIQUE	Indice de position. - C'est le quotient par leur nombre n de la somme de n valeurs (modalités) données. - C'est la valeur (modalité) d'une variable numérique qui serait commune à toutes les unités statistiques si elles se partageaient équitablement la somme de leurs valeurs (modalités). - C'est le centre de gravité d'une distribution.
NOMINALE (échelle/variable)	Dont les modalités (ou échelons) sont constituées uniquement de catégories d'appartenance isolées. On parle aussi de caractère nominal, d'échelle catégorielle.
OBSERVATION	Résultat de la mesure prise sur une unité statistique pour une variable. Dans un tableau de données, le nombre total d'observations est égal au nombre d'unités statistiques multiplié par le nombre de mesures effectuées sur elles.

ORDINALE (échelle/variable)	Dont les modalités sont liées par une relation d'ordre (plus grand, plus petit).
PROTOCOLE	Description des conditions de recueil des données et des données recueillies.
POURCENTAGE	Produit par 100 de la fréquence.
PSEUDO-NUMÉRIQUE	Se dit d'une variable nominale dichotomique que l'on transforme en variable numérique en attribuant arbitrairement la valeur 0 à une modalité et la valeur 1 à l'autre.
QUARTILES	Modalités d'une variable qui séparent l'effectif total en quatre « paquets » égaux contenant chacun 25 % des observations. (Le second quartile correspond à la médiane).
RÉPULSION	cf. sous-représentation.
SOUS-REPRÉSENTATION ou RÉPULSION	Présence d'un effectif observé inférieur à celui qu'on attendrait en cas d'indépendance au croisement de deux modalités d'un tableau de contingence (dans une case du tableau).
SUR-REPRÉSENTATION ou ATTRACTION	Présence d'un effectif observé supérieur à celui qu'on attendrait en cas d'indépendance au croisement de deux modalités d'un tableau de contingence (dans une case du tableau).
TABLEAU DE CONTINGENCE ou TABLEAU CROISÉ	Tableau qui croise des lignes représentant les modalités d'une première variable avec des colonnes représentant les modalités d'une deuxième variable. On détermine ainsi des cases qui permettent de répartir les unités statistiques selon leur appartenance simultanée à deux modalités des deux variables.
TENDANCE CENTRALE ou POSITION	Modalité d'une variable que l'on considère comme caractéristique (ou typique) de toute la distribution d'effectifs. Les indices les plus utilisés sont la moyenne, la médiane et le mode.
TRI À PLAT	cf. distribution d'effectifs.
UNITÉ STATISTIQUE	cf. individu statistique.
VARIABLE	Caractéristique susceptible de prendre différentes valeurs ou modalités. Critère de classification (catégoriel ou numérique) constitué d'un ensemble exhaustif de modalités (valeurs) exclusives. Correspond à une colonne du tableau de données.

VARIABLE DÉPENDANTE	Variable dont la variation décrit les différents aspects du comportement que le chercheur étudie et mesure, et dont il pense que la distribution dépend des différentes modalités prises par la (ou les) variable indépendante (ou facteur).
VARIABLE INDÉPENDANTE	Variable dont on fait l'hypothèse qu'elle est source de variation systématique sur une variable dépendante et dont les modalités, sous le contrôle de l'expérimentateur, définissent les conditions expérimentales.
VARIABLE INVOQUÉE	cf. variable repérée.
VARIABLE MANIPULÉE	Variable telle que l'attribution d'une modalité à une unité statistique appartient au chercheur.
VARIABLE NORMALE CENTRÉE RÉDUITE	Variable dont la distribution est normale centrée (sur une moyenne de 0) et réduite (dont l'écart-type est 1).
VARIABLE PROVOQUÉE	cf. variable manipulée.
VARIABLE REPÉRÉE	Variable telle que l'attribution d'une modalité à une unité statistique n'appartient pas au chercheur.
VARIANCE	Indice de dispersion. Moyenne des carrés des écarts à la moyenne.

INDEX THÉMATIQUE

Les numéros de page en gras renvoient aux pages les plus importantes pour la notion.

JOUVE - 11, bd de Sébastopol, 75001 Paris - Imprimé sur presse rotative numérique
N°456998L - Dépôt légal : mai 2008 - *Imprimé en France*
N°8266303/09